Landhäuser

sanieren umbauen einrichten

Kurt Jeni

Landhäuser

sanieren umbauen einrichten

Das Buch der schönsten Fachwerkhäuser, Bauernhäuser und Villen

BF
Blottner Fachverlag

Inhalt

Das Erbe vom Urgroßvater

Baumeister Christoph Brinkord legte den Grundstein zu der Fachwerk-Höfeanlage. Die Liebe zum Bauen hat sich offenbar vererbt. Denn sein Ururenkel Christoph Rasche-Schürmann ist Architekt und hat die Anlage saniert.

Der moderne Stahlkamin stammt vom Ofenkünstler Günter Matten.

Dezent und doch elegant wirkt der geschwungene Heizkörper.

Im Teutoburger Wald, am Rand des Bielefelder Ortsteils Sennestadt, liegt unter alten Eichen ein Fachwerk-Anwesen, eine Höfeanlage. Zu ihr gehören ein größeres Grundstück mit sechs Hektar Fläche sowie drei Häuser, ein größeres und zwei kleinere. Im größeren wohnt der Architekt Christoph Rasche-Schürmann mit seiner Frau. Früher lebten dort auch noch seine vier Kinder. Mittlerweile ist der Nachwuchs komplett ausgeflogen. Geblieben sind die drei Esel Mona, Max und Moritz, die in einem der beiden kleineren Gebäude ihren Stall haben. In dem anderen Gebäude hat Rasche-Schürmann sein Büro eingerichtet.

Die Höfeanlage ist alter Familienbesitz. Denn schon der Ururgroßvater von Rasche-Schürmann hat sie anno 1829 gebaut. Er hieß Christoph Brinkord und war Baumeister – vielleicht hat sich seine Liebe zum Metier auf seinen Ururenkel, der Architekt wurde, vererbt. Damals allerdings sah die Anlage noch nicht so aus wie heute. Die Häuser waren wesentlich schmaler. Etwa um 1870 herum hat der Großvater von Rasche-Schürmann das Haupthaus an beiden Längsseiten erweitert. So entstand eine Dachform mit einem „Knick" – geprägt durch die steilere Neigung in der Mitte und die flachere Neigung an den beiden Seiten. Vom Großvater ging die Anlage auf Rasche-Schürmanns Mutter, eine geborene Brinkord, über. Bis ins hohe Alter lebte sie dort, zuletzt ganz allein in dem 190 Quadratmeter großen Haupthaus. Als sie mit 90 Jahren starb, erbte ihr Sohn, der Architekt, das Anwesen.

Da er mit seinen vier Kindern gern dort einziehen wollte, ging er daran, sein Erbe behutsam zu sanieren. „Die historische Substanz sollte so weit wie möglich erhalten bleiben, aber mit neuen Zutaten versehen werden. Ich wollte schließlich nicht in einem Museum wohnen, sondern modern eingerichtet." Zudem wollte er das Haupthaus an zeitgemäße Wohnbedürfnisse anpassen: größere Raumverhältnisse schaffen, die vorher nicht genutzte Deele – den großen Raum in der Mitte des Bauernhauses – in die Wohnung integrieren. Und das Ganze auch technisch auf den neuesten Stand bringen. Rasche-Schürmann: „Es gab vorher nur alte Einzelöfen und eine Etagenheizung, die vom Küchenherd aus angefeuert wurde. Wasserleitungen und Sanitärobjekte waren zwar installiert, aber die waren alle nicht mehr zeitgemäß." Die nötigen Neuerungen nahm der Architekt zum Anlass, gleich gründlich zu sanieren. Denn das Fachwerk-Skelett war zum Teil schwer angegriffen: innen war eine Wärmedämmung ohne Dampfsperre eingebaut worden. So hatte sich Kondensat gebildet und durch diese Feuchtigkeit war das Holz zerstört worden. Also wurden die Gebäude

Blick von der Deele ins Esszimmer. Deele nennt man bei westfälischen Bauernhäusern den großen Raum in der Mitte des Hauses, in den früher die Erntewagen eingefahren wurden.

Harmonischer Kontrast zwischen Alt und Neu: Die modernen Esszimmermöbel passen gut zum historischen Fachwerk.

Eine Arbeitsplatte aus Carrara-Marmor. Rasche-Schürmann hat die Küche selbst entworfen, ließ sie dann von einem Tischler anfertigen.

entkernt, dann wurde die Zimmermannskonstruktion überarbeitet, wo nötig erneuert – „und das wieder aus Eichenholz in der gleichen handwerklichen Ausführung, wie das früher gemacht worden ist, mit Zapfen und Holznägeln". Auch die Decken wurden neu aufgebaut. Zwar blieben die alten Eichenbalkenlagen erhalten, darüber kam aber ein neuer Aufbau mit 45 Millimeter dicken Eichenholzdielen, dann ein Fußbodenaufbau, in dem teilweise die Installationen laufen und oben drauf ein Belag aus Eichenholz. Auch der Boden im Erdgeschoss entstand neu aus einer Betonsohle, darauf Hartschaum-Wärmedämmung, eine Fußbodenheizung und alte Handform-Ziegel als Bodenbelag, die der Architekt von einem Recycling-Baustoffhändler bezogen hat. Vor die Innenwände hat Rasche-Schürmann eine Vormauerschale aus Poroton-Ziegeln gesetzt. „Die Fuge dazwischen wurde mit mineralischem Wärmedämmmörtel

Tagebuch

Die alte Fachwerk-Konstruktion wurde zu einem großen Teil entkernt.

Alte Balken, die durch Feuchtigkeit zerstört waren, ließ Rasche-Schürmann durch neues Eichenholz ersetzen.

Die Ersatzbalken wurden in der gleichen Art wie ihre historischen Vorbilder (mit Zapfen und Holznägeln) ausgeführt.

Die Verlegung des Fußbodens auf der neuen Fußbodenheizung.

Das Elternschlafzimmer. Die Leiter stammt von einem Kinder-Etagenbett und dient jetzt als Kleiderablage.

Eine weiß gestrichene Holzverkleidung an der Dachschräge macht den Spitzboden heller.

Weiße italienische Sofas und ein Matten-Kaminofen. Der Ziegelboden wurde auf einer neuen Betonsohle aufgebaut, besteht aber aus alten Handform-Ziegeln.

FAKTEN

Baujahr: 1829

Wohnfläche: 190 m²

Einliegerwohnung: 50 m²

Architekt:
Christoph Rasche-Schürmann
Heidegrundweg 92
33689 Bielefeld
Telefon 0 52 05 / 98 06-0
Telefax 0 52 05 / 98 06-19

Fachwerk und Decken aus alten Eichenbalken im Inneren des Gebäudes. Rechts das Elternbad im Erdgeschoss.

Einer der drei Esel auf der Weide der Höfeanlage. Sie heißen Mona, Max und Moritz.

Eine über 170 Jahre alte Fachwerkschönheit, behutsam saniert.

ganz ausgefüllt, damit keine Hohlräume und kein Kondensat entstehen können." Detail am Rande: Bei der Sanierung wurden Tapeten mit über 100 Jahre alten Mustern und sogar aus der Zeit davor entdeckt. Beeindruckt war der Architekt auch davon, „wie sich zum Teil die Farbgestaltung der Wohnräume im Laufe der Zeit geändert hat. In einem Raum waren mal alle Wände intensiv blau gestrichen worden. So etwas habe ich mir natürlich sehr genau angesehen".

Das Leben der Eltern spielt sich vorwiegend im Erdgeschoss ab. Kommen die erwachsenen Kinder zu Besuch, ist Platz in den oberen Etagen. Drei Kinderzimmer sind im Obergeschoss, das vierte unterm Dach.

■ Alt ■ Abbruch ■ Neu

Schönes altes Fachwerk

Eine besondere Ausstrahlung hat das große Gebäude aus dem 18. Jahrhundert: schwere Eichenbalken, dekoratives Fachwerk. Der Architekt hat das Haus behutsam nach ökologischen Kriterien saniert. Der Bauherr, ein Mediziner, nutzt es als Zweitwohnsitz.

MIT DEINEM RATH ZV DIESEM HAVS WARVM GABST V NICHT RATH VND GELD
SPAT VND SIEHE DV NICHT ANFAHEST ZV DADELN WAS DV NICHT VERSTEHEST SONST MVSTV LEIDEN DAS

An den Mauervorsprüngen und Balken lässt sich noch ablesen, wo Wände herausgenommen und so die alten kleinteiligen Räume deutlich vergrößert worden sind.

Am großen Tisch finden die zahlreichen Gäste Platz, die hier immer wieder willkommen sind.

Seit Jahrzehnten hatte in dem über 270 Jahre alten Haus kein Mensch mehr gelebt. Der Eigentümer hatte zwar darauf geachtet, dass das Gebäude nicht verfiel – das Dach dicht war und seine Entwässerung in Ordnung gehalten wurde. Ansonsten aber, so der Architekt Karl-Hermann Schwabe, war der Zustand „desolat": keine Heizung, keine sanitären Einrichtungen. Andererseits hatte das aber auch den Vorteil, „dass viel Historisches erhalten blieb. Da gab es keinen Kunststoff und kein Plastik. Da hatte man zumindest keine Kosten beim Ausbau und bei der Entsorgung dieser Materialien. Es gab nur die alten, ursprünglichen Baustoffe und damit habe ich gern weitergearbeitet".

Das war ganz im Sinne des Bauherrn. Schwabe: „Wir kennen uns schon länger und wissen auch, was der eine verlangt und was der andere zu bieten hat." Und da hatte der Bauherr vor allem eine Vorgabe: „Ein voll ökologisches Haus." Außerdem sollte es viel Platz für Gäste haben – die beiden erwachsenen Kinder der Bauherren kommen oft zu Besuch und bringen Lebenspartner und Freunde mit. Schwabe verwendete ausschließlich Naturmaterialien – hauptsächlich Lehm (Strohlehm zur Dämmung) und Holz. Ansonsten ging er sehr behutsam mit dem Bestand um. Größere Veränderungen gab es hauptsächlich im Inneren des Hauses, wo er zum Teil auch Wände entfernte, um größere Räume zu schaffen. An Balken und kleinen Mauervorsprüngen lässt sich die ursprüngliche Einteilung noch ablesen. Die Denkmalpfleger jedenfalls waren vom Gesamtergebnis begeistert. In den restlichen Wänden, in Lehm eingebettet, wurde eine Wandheizung installiert. Die historischen Eichefenster, teilweise mit Bleiversprossungen, wurden wieder aufpoliert. Fehlende Fenster ließ der Architekt vom ortsansässigen Tischler aus altem Holz nacharbeiten. Zur besseren Wärmedämmung wurden jeweils an der Wandinnenseite moderne Fenster in schlichtem Design vor die alten Fenster gesetzt – da die Wände teilweise bis zu 40 Zentimeter dick sind, schuf Schwabe so regelrechte kleine Wintergärten in den Zwischenräumen. Das ökologische Engagement der Bauherren führte zu baulichen Besonderheiten.

Schwabe: „Die Bauherrin hat sich dem Schutz von Fledermäusen verschrieben. Daher haben wir eigens für die Tiere Hohlräume angelegt, zu denen die Fledermäuse von außen Zugang haben. So kann man zum Beispiel im Schlafzimmer unter den Dielen die Fledermäuse rascheln hören. Und der nicht ausgebaute Spitzboden hat einen Schornstein mit Wandheizung, damit die Tiere ihre Jungen im Winter gut durchbringen können."

Vor weißen Flächen wirkt die schlichte Fachwerkschönheit besonders dekorativ.

Den Kachelofen bauten österreichische Ofensetzer, der Fußboden besteht aus Eichendielen.

ERDGESCHOSS

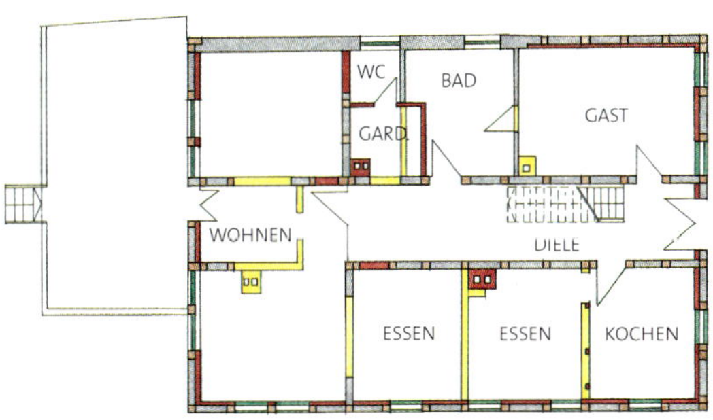

OBERGESCHOSS

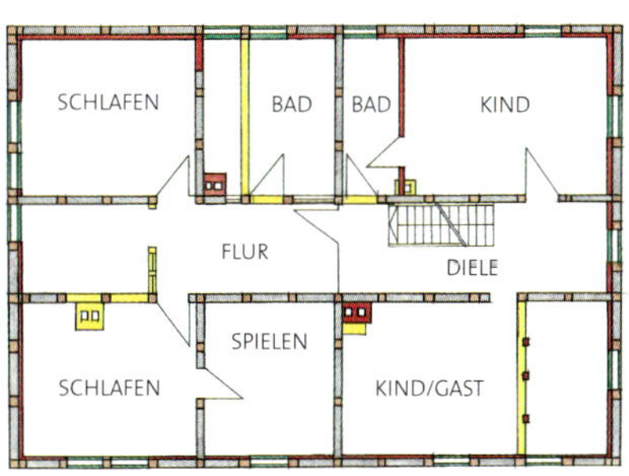

FAKTEN

Baujahr: 1733

Umbau: 11 Monate

Wohnfläche: 395 m²

Dämmmaterial: Strohlehm

Architekt:
Karl-Hermann Schwabe
Ehem. Königl. Amtsgericht
34281 Gudensberg
Telefon 0 56 03 / 30 04
Telefax 0 56 03 / 56 61

Viel Platz für Gäste: aus dem ursprünglich kleinteiligen Grundriss entstanden durch den Abbruch von Wänden Räume mit großzügigem, offenem Charakter.

■ **Alt** ■ **Abbruch** ■ **Neu**

Liebevoll herausgeputzt

Ein Hagelgewitter hatte die Dachdeckung zerstört, so konnte es monatelang in das alte Fachwerkhaus hineinregnen. Kein Wunder, dass viele Interessenten zurückschreckten. Ein junges Architekten-Ehepaar rettete das verfallene Gebäude.

13

Das Haus liegt an einer stark befahrenen Straße. Leichtlehmwände und Verbundfenster sorgen deshalb für Schallschutz.

Auf Dachflächenfenster und Gauben verzichteten die Bauherren. Trotzdem wirken die Räume unterm Dach hell und weit.

Ursula Rosiny-Moos und Burkhard Moos lebten in einer Wohnung in Bonn. Doch spätestens, als sich das zweite Kind ankündigte, wurde es ihnen zu eng. Also machte sich das Ehepaar auf die Suche. „Nicht, weil wir unbedingt ein Haus haben mussten, sondern weil es uns als Architekten auch Spaß macht, nach Häusern zu gucken", erklärt Burkhard Moos.

Nach etwa einem halben Jahr stießen sie schließlich auf ein Fachwerkgehöft in der 20 000-Einwohner-Gemeinde Alfter, am Rand von Bonn. Das Haus und seine Nebengebäude waren 1778 erbaut worden und standen unter Denkmalschutz. „Die Anlage war in einem äußerst heruntergekommenen Zustand", erzählt Burkhard Moos. Denn etwa anderthalb Jahre vor dem Kauf hatte ein Hagelgewitter einen großen Teil der alten Dachpfannen zerstört. Dummerweise war die Gebäudeversicherung gekündigt worden, so dass dieser Schaden nicht repariert wurde – also regnete es in das Haus hinein. Der Architekt: „Vor uns hatten schon sehr viele Leute das Haus besichtigt. Die sind alle davor zurückgeschreckt." Im Endeffekt war das aber nur gut für das Ehepaar Rosiny-Moos. Denn so konnten sie nach langen Verhandlungen, die sich über ein weiteres halbes Jahr hinzogen, den Preis für das Gehöft herunterhandeln und endlich den Kaufvertrag abschließen. Mit viel Eigenleistung machten sie sich an die Sanierung der Anlage. „Als allererstes haben wir das Dach gedeckt, damit es nicht mehr hineinregnete", erzählt der Bauherr. „Ansonsten sind wir auch experimentell an das Ganze herangegangen." Statt erst einmal nur zu entkernen und das Fachwerk in Ordnung zu bringen, haben die Architekten parallel dazu schon die Lehmgefache der Wände ausgewechselt – „weil der Lehm eine erhebliche Trockenzeit hat". Die Fundamente mussten zum Großteil neu gemauert werden, „weil das Gebäude weitgehend praktisch auf dem Erdboden stand", erklärt Moos.

Die neuen Besitzer entfernten zunächst alle störenden An- und Einbauten und stellten die alten Raumgrößen von 16 bis 22 Quadratmetern wieder her. Das Obergeschoss wurde teilweise zum Dach geöffnet und gewann so mehr Weite. Die Mühe hat sich, wie die Bilder zeigen, gelohnt. Alt und Neu sind phantasievoll und ästhetisch anspruchsvoll miteinander verbunden. Sie stehen selbstbewusst nebeneinander, sind klar ablesbar, ja verstärken und ergänzen sich in ihrer Wirkung und Ausstrahlung. Genau dies ist auch im Sinne der Denkmalpflege. Es ist ein beispielhaft renoviertes Denkmal entstanden, das auch schon ausgezeichnet worden ist.

Das 1778 erbaute Fachwerkhaus ist denkmalgeschützt. Zusammen mit seinen Nebengebäuden umschließt es einen malerischen Innenhof.

Der Holz-Grundofen in der Diele ist eine Ergänzung zur zentralen Gas-Brennwertheizung.

Bei Treppen und auch bei den neu eingebauten Stegen wurde der moderne Baustoff Stahl verwendet.

Tagebuch

Die ersten drei Bilder sind an der gleichen Stelle aufgenommen: hier die Vorhersituation.

Die gleiche Ecke nach dem Ende der Ausbau-Arbeiten: jetzt die Tür zum Elternschlafzimmer.

Der Blick bei geöffneter Tür zeigt, dass durchs Fenster genügend Licht einfallen kann.

Vom Haus blieb nur noch das Fachwerk, zum Teil mit alten Lehmausfachungen, erhalten.

Auf diesem Bild werden die Fundamente des Gebäudes nachträglich hergestellt.

So sah die Diele im Vorherzustand aus. Hier bereits der neu aufgemauerte Holz-Grundofen.

Unter anderem wurden in dem alten Fachwerkhaus auch neue Dielenböden verlegt.

Stahl und Marmor anstelle sonst üblicher Fliesen im Bad, hier noch in der Bauzeit.

Die Fußböden im Erdgeschoss sind wie hier aus Terracottafliesen oder teilweise auch aus Naturstein.

FAKTEN

Baujahr: 1778

Wohnfläche: 207 m²

Gesamtkosten: ca. 320 000 Euro (inkl. Erwerb der Anlage)

zzgl. Eigenleistung: ca. 180 000 Euro

Architekten:
Burkhard Moos
Ursula Rosiny-Moos
Hertersplatz 13
53347 Alfter
Telefon 0 22 22 / 93 52 52

ERDGESCHOSS

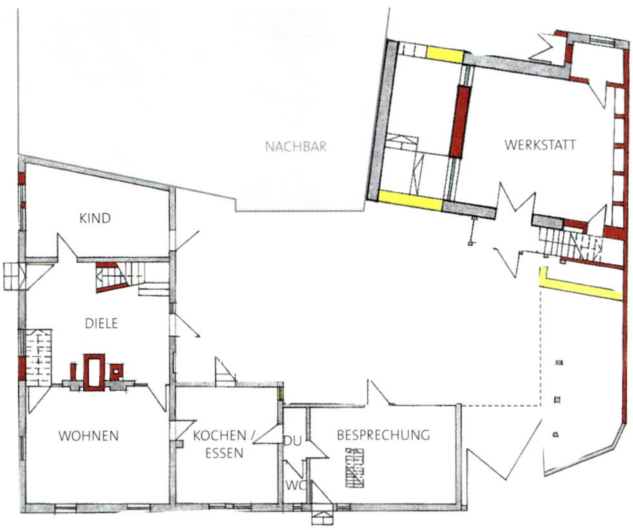

OBERGESCHOSS

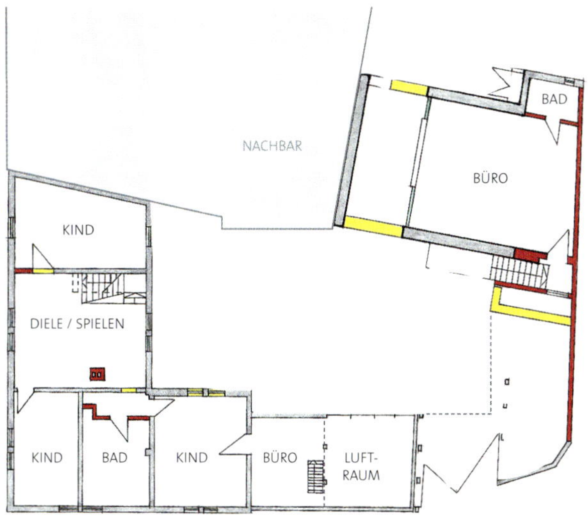

Im Grundstücksinneren liegt ein massives ehemaliges Backhaus. Es war aufgestockt und verdunkelte damit den ganzen Innenhof. Also wurde es wieder verkleinert. Die Bauherren nutzen es jetzt als Architekturbüro.

■ Alt ■ Abbruch ■ Neu

Gemütlich unter großem Dach

Mit diesem Fachwerkhaus aus dem Jahr 1680 hatte die Bauherrin eine anspruchsvolle Aufgabe vor sich: Totale Schieflage, Dach kaputt und keine vernünftige Heizung.

Offen bis unters Dach. Rechts lässt sich die alte Toreinfahrt erahnen. Hier sorgt jetzt eine große Fensterfront für Licht.

Die Bauherrin hatte einen Traum: „Ich wollte ein Haus mit einem großen Dach. Mit einem Dach, das ich anfassen kann, wenn ich außen ums Haus herumlaufe. Das Dach sollte so groß sein, dass von außen nur eine Etage sichtbar ist." Drei bis vier Jahre musste sie suchen, bevor sie ihr Traumhaus fand. Die meisten der zuvor besichtigten Gebäude hatten nicht die gewünschte Dachform, zudem lagen sie innerorts und eigentlich wollte die Bauherrin lieber ein frei stehendes Haus.

In Korschenbroich, im nordrhein-westfälischen Kreis Neuss, wurde sie fündig. Ein Fachwerkhaus, dessen älteste Teile auf das Jahr 1680 geschätzt wurden. Die Bauherrin: „Ein richtiges Wohn- und Stallhaus, in dem früher alles Platz hatte – das Vieh, das Stroh, die Ernte. Es war sozusagen alles unter einem Dach, deshalb die große Dachfläche." Das Haus stand unter Denkmalschutz. Aber es war in einem denkbar schlechten Zustand. Vor allem das Dach musste dringend saniert werden – „es hat schon überall reingeregnet", so die Bauherrin. „Die Leute, die vorher darin lebten, haben sich mit Planen beholfen, sie hatten auch jede Menge Eimer unter dem Dach aufgestellt. Im Prinzip waren die erste Etage und der Speicher gar nicht mehr zu bewohnen, der Dachstuhl war kaputt – das war alles schon marode." Im Zuge der Sanierung tauchte dann eine schlechte Nachricht nach der anderen auf. So hatte das Gebäude eine totale Schieflage. Auf der wetterabgewandten Giebelseite waren die Schwellbalken total weggefault und das Haus war an dieser Seite abgesunken. „In der oberen Etage hätten Sie sich an die Tür legen können, dann wären Sie in Richtung Giebel gerollt, so schräg war das." Das war noch nicht alles: vor den Wettergiebel hatten die Vorbesitzer eine neue Wand gesetzt, hinter der das alte Holz zu faulen angefangen hatte – das entdeckte die Bauherrin erst später, als die Wand abgetragen wurde. „Der Giebel hielt sich nur noch durch die Steine." Zudem gab es keinen brauchbaren Fußboden. Keine Zentralheizung, sondern nur einen Einzelofen.

Die Renovierung begann und das alte Dach wurde abgedeckt. Dann musste der Dachstuhl neu erstellt werden. Im Zuge dieser Maßnahme ließ die Bauherrin den ehemals aufgesetzten Kniestock wieder entfernen. Dass sich dadurch die Raumhöhe verringerte, war ihr nicht wichtig – denn so kam sie ihrer Vorstellung vom Dach, das man von außen greifen kann, noch ein Stück näher. Die Schieflage wurde mit einer hydraulischen Hebeanlage wieder korrigiert. Weil dabei ohnehin Eingriffe in den Fußboden notwendig waren, wurden gleich eine komplette Fundamentplatte und als

Die Kombination von neuer Fußbodenheizung und Heizkörper sorgt hier auch in den Übergangszeiten und im Winter für gemütliche Wärme.

Weil das Haus keinen Keller hat landeten Gasheizung und Warmwasserspeicher in der Küche – rechts hinten mit Holz ummantelt.

neues Wärmeverteilsystem eine Fußbodenheizung eingebaut. Und als die Bauherrin und ihr Sohn begannen, die Verkleidung an der Wettergiebelseite abzutragen, kamen darunter große Türpfosten zum Vorschein, es waren die Reste einer alten Toreinfahrt. Mit mühsam zusammengesuchten alten Balken wurde sie – nach den individuellen Vorstellungen der Bauherrin – neu aufgebaut. Und jetzt dient sie als große Fensterfront für den Wohnraum.

FAKTEN

Baujahr: 1680

Wohnfläche vor dem Umbau:
80 m²

Wohnfläche nach dem Umbau:
160 m²

Kosten der Renovierung:
etwa 283 000 Euro

Lehmbau:
Claytec
Peter Breidenbach
Nettetaler Straße 113
41751 Viersen
Telefon 0 21 53 / 91 80

Landidylle in der Großstadt

Vermutlich aus den zwanziger Jahren des letzten Jahrhunderts stammt die Wandmalerei, die im Zwischengeschoss der bald 150 Jahre alten Scheune in Berlin entdeckt wurde. Die Architekten legten sie frei und ließen sie teilweise rekonstruieren. Jetzt passt sie gut zum gepflegten Landhausstil in dem sorgfältig sanierten Gebäude.

Im hinteren Grundstücksteil nahe der Havel stehen zwei Gartenhäuser. Sie wurden teilweise als Gästezimmer ausgebaut.

Stillleben auf der Terrasse – und das in der Großstadt. Die Bauherren haben die Scheune im Landhausstil eingerichtet.

Das Dorf Heiligensee wurde im Jahr 1308 erstmals urkundlich erwähnt. Es liegt im Norden Berlins, an der Havel und nicht weit vom Flughafen Berlin-Tegel. Im 19. Jahrhundert hatte es sich zu einem Ausflugsziel für die Städter entwickelt. Heute ist es ein Ortsteil des Bezirks Reinickendorf. Zu den Sehenswürdigkeiten in Heiligensee gehören der gut erhaltene Dorfanger mit altem Baumbestand, die Dorfkirche sowie das Pfarrhaus. Der ganze Komplex bildet das Gesamtdenkmal Alt-Heiligensee. Und dazu gehört auch eine rund 150 Jahre alte Scheune, die Bestandteil eines Vierseitenhofes ist.

Die Scheune war in den zwanziger Jahren des letzten Jahrhunderts von einem Paddel-Verein angemietet worden, der dort seine Paddelboote unterbrachte. Zuletzt war sie schließlich von einem Bauträger gekauft worden, der aus dem Vierseitenhof eine Reihenhausanlage machen wollte. Der Bauträger ging pleite, das Areal wurde zwangsversteigert. „Es wurden mehrere Versteigerungstermine angesetzt", erzählt Architekt Oliver Brüch. „Aber keiner hatte so richtig den Mut, das Gebäude und den verwahrlosten Garten zu ersteigern. Alle hatten Angst vor den Denkmalschutzauflagen." Schließlich fand sich doch ein Ehepaar, das die Scheune zusammen mit einem Grundstück von 3800 Quadratmetern erwarb. Die neuen Besitzer beauftragten das Architektenbüro Brüch Kunath + Partner mit dem Ausbau. Haus und Garten waren eine große Herausforderung für die Bauherren. Allein das Grundstück war unglaublich zugemüllt und zugewachsen. Auch die Scheune selbst sah arg mitgenommen aus. Aus ihrem Dach ragten ganze Bäume heraus. „Weil Teile der Dachfläche gefehlt haben, hatten sich da oben über die Jahre hinweg kleine Büsche und Birken angesiedelt. Die sind aus dem Mauerwerk herausgewachsen", so der Architekt. Im Inneren lag meterhoch Müll, den Laubenpieper dort entsorgt hatten. Sanitäre oder elektrische Leitungen existierten nicht – die Scheune war ja nie bewohnt worden. „Da gab es nichts. Noch nicht einmal einen Boden", so Oliver Brüch. „Es gab nur verdichtete, etwas lehmhaltige Erde." Beim Entfernen des Unrats legten die Bauherren selbst Hand an. Dann ging es zunächst an die Abdichtung der Wände gegen Feuchtigkeit. Das einschalige Ziegelmauerwerk bekam eine Horizontalsperre aus Edelstahl. Das Haus war teils unterkellert. Dort wollten die Bauherren einen Hauswirtschaftsraum und eine Töpferei unterbringen. Die Stehhöhe reichte dazu aber nicht aus. So wurde der Keller um rund 30 Zentimeter abgesenkt und das Fundament der betreffenden Giebelwand unterfangen. Sehr aufwendig war die Sanierung der Außenmauern. In einer Ziegelei in Potsdam besorgten die Architekten Steine, die noch in alten For-

Mitten auf dem First bekam die Scheune nachträglich eine großzügige Verglasung. Die bringt jetzt Licht sowohl auf die Galerie im Obergeschoss als auch in den Innenhof im Erdgeschoss.

Blick in die Küche: Gut erkennbar sind die schmalen Öffnungen, mit denen früher das Heu belüftet wurde.

Das Bad im Obergeschoss ist etwa zwanzig Quadratmeter groß. Die Sanitärkeramik im Landhausstil stammt von namhaften Herstellern.

maten nachgebrannt werden. Damit wurde das Mauerwerk ausgebessert. Alle Fugen wurden ausgekratzt und alle Risse saniert. „Dann wurden die Mauern mit einem ganz feinen Sandstrahl behandelt", erklärt Brüch. „Wasser- und Hochdruckreinigung haben wir auch ausprobiert. Aber das hat nicht funktioniert, denn das Mauerwerk war an manchen Stellen richtig schwarz." An einer Stelle wurde sogar Schwamm entdeckt. „Wir haben eine DIN-gerechte Schwammsanierung durchgeführt. Dabei muss man im Umfeld von zwei Metern das Mauerwerk und das Holz komplett sanieren."

Eine andere Entdeckung war da schon erfreulicher: im Zwischengeschoss kam eine Wandmalerei zum Vorschein, die noch aus der Zeit des Paddel-Vereins stammt. Sie wurde freigelegt und in Teilen rekonstruiert. Eine weitere Besonderheit sind die schmalen Wandöffnungen, die einst zur Querbelüftung des Heus vorgesehen waren. Dort ließen die Architekten kleine isolierverglaste Fenster einsetzen. „Hier fällt ein wunderschönes Licht ein, wenn von Osten die Sonne scheint. Mit Lichtstrahlen, wie man sie manchmal auch in Kirchen sieht."

FAKTEN

Baujahr: 1857/58

Umbauzeit: 7,5 Monate

Wohnfläche: 315 m²

Baukosten: ca. 250 000 Euro
(ohne Architektenleistung)

Architekten:
Brüch Kunath + Partner
Hauptstraße 48
13158 Berlin
Telefon 030 / 44 97 33 7
Telefax 030 / 44 04 73 37

Die ehemaligen Scheunentore wurden großzügig verglast. Im Haus entstand ein Patio, ein überdachter Innenhof.

Die luftige Terrasse auf der Gartenseite bildet ein optisches Gegengewicht zum Wintergarten.

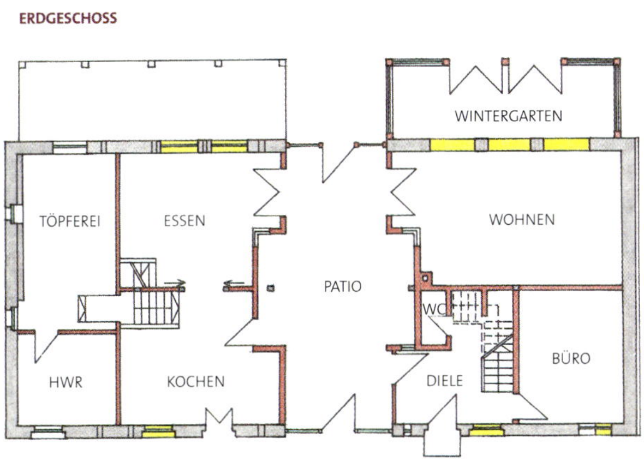

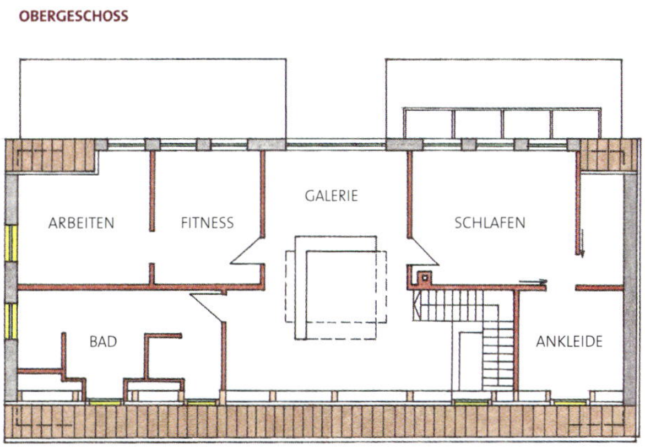

Großzügige Räume verteilen sich auf über 300 Quadratmeter. Die neu eingezogenen Zwischenwände wurden alle aus massivem Mauerwerk (Poroton) erstellt.

■ Alt ■ Abbruch ■ Neu

Landhaus an der Havel

Albert Geßner, als Architekt bekannt für seine repräsentativen Charlottenburger Mietshäuser, baute sich 1912 das Landhaus Guckegönne auf ein direkt an der Havel gelegenes Grundstück. In den letzten Jahren ließen es die engagierten Erben wieder herstellen. Haus und Grundstück sind als eingetragene Denkmäler Teil der prächtigen Berlin-Potsdamer Kulturlandschaft.

Auch den weiträumigen Garten hat der Erbauer selbst geplant. Auf Vorder- und Rückseite des Gebäudes schließen sich direkt ans Haus symmetrisch angelegte Flächen an.

Die kräftig kontrastierende Wandfarbe war ein besonderer Wunsch des Erbauers. Innen gewährte das Denkmalamt größere Freiheiten als beim Gestalten der Fassade.

Für Architekten traumhaft: ein 90 Jahre altes, unrenoviertes Haus dieser Qualität zu betreten, das weitestgehend im Originalzustand belassen ist. „Ein Erlebnis!", erinnern sich Jürgen Fissler und Hans-Christof Ernst. Spannend auch deshalb, weil der Entwurf von einem berühmten Kollegen stammt, der den familiären Landsitz „unglaublich versiert in die Landschaft setzte und konsequent durchgestaltete". Geßner lebte damals in einer großen Wilmersdorfer Stadtwohnung. Raumhöhe: 3,50 Meter. „Und wahrscheinlich mit 10 bis 12 Zimmern. Vielleicht suchte er bewusst den Kontrast, das Idyllische des Landlebens", vermutet Hans-Christof Ernst. Ein passendes Grundstück fand Geßner direkt an der Havel, mit Blick auf die Pfaueninsel. „Guckegönne" taufte er das Ensemble, wegen seiner erzgebirgischen Herkunft vermutlich als mundartlich gefärbtes „gucken (schauen) können" zu verstehen.

Albert Geßner war bekannt für seine Mietshaus-Architektur, seine Arbeiten wurden in den führenden Fachzeitschriften besprochen, zum Beispiel in der „Dekorativen Kunst", die dem Haus Guckegönne 1913 einen mehrseitigen Sonderdruck widmete. Ein Textausschnitt stützt die Vermutung Hans-Christof Ernsts: „Was das steinerne Berlin dem Menschen der Berge und der Wälder schuldig bleiben musste, das will er sich und seinen Kindern der Natur da draußen für ein paar Sommermonate abtrotzen. Wie alle, die solche Flucht unternehmen, treibt wohl auch ihn der Wunsch, sich da gegenüber den Wohnungsnöten der Großstadt ein heimliches Idyll zu schaffen."

Im Grundriss sieht der Artikel denn auch „eine gewollte Primitivität, wie sie dem Sommerhaus angemessen ist". Das mag den heutigen Leser angesichts des prächtigen Gebäudes etwas befremden. Die Begrifflichkeit ist aber aus der Zeit und vor allem aus dem alle Dimensionen sprengenden Erblühen und Modernismus der Metropole zu verstehen, die der Autor als „Steinwüste", als „Ungetüm von Riesenstadt" bezeichnet. Auch die jetzigen Besitzer hatten in einer stattlichen Berliner Wohnung gelebt, wollten die Helle und Weite dieser Architektur in ihrem neuen Domizil ein Stück weit nachbilden. Beim Innenausbau ließ ihnen das Denkmalamt – im Gegensatz zur Außenhaut – Freiheiten. Dunkle Holzböden und gemusterte Tapeten durften entfernt, teils helle Fliesen gelegt und vieles Weiß gestrichen werden. Zu optimieren war auch der Grundriss. Der zu kleinen Küche wurde ein benachbarter Raum zugeschlagen. Im Erdgeschoss entstand ein Kaminzimmer. Und das Dach ist bis unter den First als Studierzimmer ausgebaut. Fast kathedralen-

Die schönen Schreinerarbeiten sind weitgehend erhalten, weiße Fliesen statt Holzboden machen den Hauptraum im Erdgeschoss heller.

Der Vergleich mit dem alten Foto auf Seite 34 zeigt fast identische Fassadenansichten. Auch der Farbton ist originalgetreu.

artig, dabei auch introvertiert, wirkt dieser drei Meter hohe Raum. Dachfenster verbot das Denkmalamt allerdings. Die Möblierung ließ sich großteils ins neue Konzept integrieren. Zitat von 1913: „Das Mobiliar ist auf ein Minimum beschränkt (...) es ist in den Geßner-Möbeln moderne Gesinnung, aber noch mehr ist in ihnen die alte Besinnlichkeit, (...) jene Freude an der Farbigkeit, an dekorativen Details, an spielerisch anmutenden Nettigkeiten und Gemütlichkeiten, die das vorindustrialisierte Handwerk der Städte am ehesten eingebüßt hat." Dieses Interieur in Verbindung mit sensibel gestalteter Architektur und aktueller Haustechnik ergibt ein besonders wohnwertes Gesamtes. Für das ganze Jahr!

Fissler Ernst Architekten, Budapester Straße 50,
10787 Berlin-Charlottenburg, Telefon 030 / 34 99 16-0

Behutsam hat der Berliner Landschaftsarchitekt Florian Zimmermann die bis an die Havel reichende denkmalgeschützte Gartenanlage überarbeitet.

Feinfühlig sanierte Prachtvilla

Dresden ist berühmt für seine Villen verschiedener Epochen. Ein besonders schönes Exemplar durften wir mitten im Sommer fotografieren: Die Villa Falkenstein, erwacht aus langem Dornröschenschlaf.

VILLA · FALKENSTEIN
44

Dresden – Synonym für Kunst und Kunsthandwerk allererster Güte: Stolz und völlig zu Recht trägt die Stadt ihren ruhmreichen Beinamen Elbflorenz. Welch unermesslichen Reichtum sie birgt, welch Schätze nicht zuletzt an Architektur! Vor Ort konnten wir uns wieder überzeugen, wie viele wertvolle Villen in Dresden und Umgebung zu retten wären – und wie viele mittlerweile schon so saniert sind, dass es eine wahre Freude ist.

Bestes Beispiel: Die kurz vor der Jahrhundertwende entstandene Villa Falkenstein. Ein Chemnitzer Unternehmer war es, der damals gleich einen ganzen Straßenzug mit Wohnhäusern bebaute. Jeweils für eine Familie konzipiert, im für die Zeit typischen, repräsentativ-aufwendigen Stil (weshalb die Villa selbstverständlich unter Denkmalschutz steht). Lebenskultur wurde groß geschrieben, und noch immer klingen die rauschenden Feste nach, die wohl im Erdgeschoss stattgefunden haben mögen. Zwischendurch – das ist sattsam bekannt – wehte ein anderer Wind, für viele Häuser in der damaligen DDR gewissermaßen ein Orkan, an dessen Ende Abriss stand. Erhebliche Blessuren trug auch die Villa Falkenstein davon. Mangels Materialien konnten sie erst nach der Wende behoben werden. Als zu 50 Prozent schadhaft beziffert Architekt Udo Scholz etwa die Fassade mit ihren schönen Stuckarbeiten. Und eine vor Jahrzehnten im ersten Geschoss ausgelaufene große Wassermenge hatte sich durch die Decke gearbeitet, dabei unter anderem die Eichenparkettböden ruiniert. Außerdem war das Haus ganz anders als ursprünglich unterteilt: ziemlich willkürlich, in viele kleine Zimmer und mehrere Wohnungen, von den Materialien her eher improvisiert und daher etwas „hasenstallartig", wie sich der heutige Besitzer erinnert, ein engagierter Bauherr, für den nur ein altes Objekt in Frage kam („da ist viel mehr Geist, viel mehr Atmosphäre drin"). In der Zeitung war er auf das Inserat einer Erbengemeinschaft gestoßen. Schon die erste Begegnung mit der Villa Falkenstein verlief positiv: „Das Gesicht zur Straße hin war sehr ansprechend", trotz großer Schäden und trotz des Umstandes, dass die Terrasse mit zwischen die Säulen gespannten Fenstern verkleidet war. „Ich konnte mir gut vorstellen, wie das ohne die Verglasung aussehen würde."

Die unattraktive Rückseite trug zur Kaufentscheidung bei, denn sie eröffnete die Möglichkeit eines Erweiterungsbaus. Dieser ist als freitragende Konstruktion vor das Gebäude gestellt – ein Zugeständnis des Denkmalamtes, gewissermaßen als Gegenleistung ließ der Bauherr den Turmhelm nach alten Zeichnungen rekonstruieren. Fruchtbarer Dialog zwi-

Die beiden hinteren (neuen) Säulen stehen auf der Ebene der früheren Außenwand. Erst der Anbau brachte die großartige, durch die Solnhofener Fliesen und allgemein helle Farbgebung noch unterstrichene Raumwirkung. Wie überall finden sich auch in Salon und Küche ausgesprochen moderne Details.

Schön: Im Keller fand sich – in Kisten verpackt – dieses wunderschöne Glasfenster. Restauriert schmückt es jetzt diesen geschmackvoll ausgestatteten Bereich. Unten rechts: Getreu alten Zeichnungen erhielt das Treppenhaus wieder seinen Turmhelm.

schen Hauseigentümern und Architekten bedeutet immer auch ein Ringen um die endgültige Form, ein Kompromisse-schließen-können. In diesem Sinne versteht Udo Scholz seinen Beruf als Dienstleistung. Man dürfe auf keinen Fall versuchen „die eigene Philosophie am Bauherren vorbei durchzusetzen". So hätte Scholz die Wohnhallenwände gerne luftig-blau gestaltet, und über die Badewanne am liebsten einen Himmel mit goldenen Sternen malen lassen – ein Potential an Phantasie, das anschließt an beste sächsische Baumeistertradition.

Das Bad gehört zur Erdgeschoss-Wohnung, liegt aber – wie das Schlafzimmer – ein Geschoss tiefer, neben der Einliegerwohnung. Erschlossen wird es über die Edelstahltreppe. Abhängen der Decke ermöglichte den kreisrunden Ausschnitt, dessen Mittelachse ein neuer Stahlträger bildet.

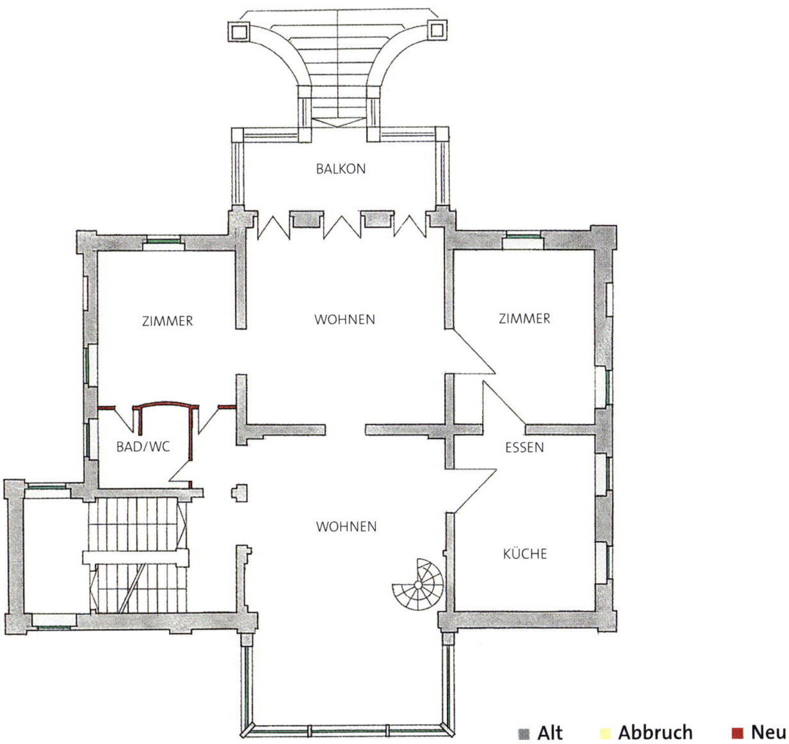

FAKTEN

Baujahr: 1891

Wohnfläche: EG 176 m²

Architekten:
Atelier 2
Udo Scholz und Frank Mehnert
Alt Kötzschenbroda 23
01445 Radebeul
Telefon 03 51 / 83 05 440
Telefax 03 51 / 83 60 033

Materialien:
Säulen: Stahl und Gips-Halbschalen-Verkleidung;
Fenster: Holzrahmen mit Wärmedämmverglasung;
Bodenbeläge: Eichenparkett, Solnhofener Platten mit Granit-Inlays
Küche: Arti, Altcoschütz 9, 01189 Dresden

Buntglasarbeiten: Glaswerkstatt Körner, Julius-Otto-Str. 10, 01219 Dresden

Heizung: Erdgasbetriebene Warmwasser-Zentralheizung

Ausgesprochen kuschelig

In der Odenwald-Scheune lebten Pferde und Kühe, später Hasen und ein Pony. Sie wurde für große Feste benutzt, beherbergte Waschmaschinen und Herde. Jetzt ist sie das Zuhause von Karin Grabow-Gradenwitz.

Anfangs gab es hier eine Öffnung zur Wohnhalle. Weil es so stark zog, kam ein verglaster Holzaufbau oben drauf.

Jeder, der hier reinkommt, sagt: ach, wie schön." Und das meinen nicht nur die Besucher. Auch Bauherrin Karin Grabow-Gradenwitz ist mit ihrer ausgebauten Scheune im hessischen Modautal-Asbach (Odenwald) sehr zufrieden. „Das Haus ist vom ganzen Klima her ausgesprochen kuschelig." Dabei hatte das Gebäude jahrzehntelang ganz anderen Zwecke gedient. Die Scheune ist rund 200 Jahre alt. Sie gehörte ursprünglich zu einem alten Fachwerkhaus, das bereits abgerissen worden war.

1974 zog die Familie Grabow-Gradenwitz mit vier Kindern in ein großes Haus direkt neben der Scheune. Die Bauherrin: „In der haben wir dann ein Pony und auch Hasen untergebracht. Die Scheune war ein regelrechter Kleintierzoo." Praktisch war das Gebäude mit den 40 bis 60 Zentimeter dicke Mauern auch für die Abitursfeiern der Grabow-Gradenwitz-Kinder – oder für andere große Feste. „Und irgendwann mal standen in der Scheune an die 20 Großgeräte, Waschmaschinen, Herde und Kühlschränke, herum – weil jedes Kind nach seinen Umzügen in der Studentenzeit einen Großteil der Möbel wieder daheim abgeliefert hat." Schließlich waren alle vier Kinder von zu Hause ausgezogen. Karin Grabow-Gradenwitz: „Ich saß ganz alleine in dem großen alten Haus mit den vielen Zimmern. Und dann wurde die Idee geboren, diese Scheune für mich zum Altenteil umzubauen." Die Bauherrin setzte sich mit dem Darmstädter Architekten Harald Männle in Verbindung. „Ich habe sehr viel Vertrauen in Herrn Männle gesetzt, denn er ist ja Spezialist für solche Sachen. Wir haben uns deshalb zusammengesetzt und ein bisschen Brainstorming gemacht."

Der Hauptwunsch der Hausbesitzerin: die Küche sollte groß sein. „Ich koche gern und war schon immer an eine große Küche gewöhnt, das ist vielleicht auch Odenwald-bedingt. Hier draußen auf dem Land muss man schließlich auch mal 20 Pfund Bohnen putzen. Eine große Küche gehört einfach dazu." Ein weiterer Wunsch: sie wollte ein umweltfreundliches Haus haben, mit Solaranlage und Regenwassernutzung. Und da der alte Dachstuhl nicht für eine Solaranlage ausgelegt war, wurde ein neues Dach aufgesetzt. Karin Grabow-Gradenwitz erzählt: „Dabei ist das Dumme passiert, dass die beim Aufmaß nicht gemerkt haben, dass die Scheune vorne zwanzig bis dreißig Zentimeter breiter war als hinten." Diese Ungleichheit war dann auch bei der Konstruktion des neuen Dachstuhls nicht berücksichtigt worden. „Da mussten die Zimmerleute schon arg improvisieren, als sie den neuen Dachstuhl aufgesetzt haben. Aber ich hatte zum Glück einen sehr, sehr guten Zimmermann." Der hatte der Bauherrin auch

Die alten Möbel im Wohnzimmer hat die Bauherrin aus Holland. „1953 nach der Flutkatastrophe gab es dort viele Eichenbauernmöbel, die vom Salzwasser beschädigt waren. Die haben mein Vater und ich wieder restauriert." Die Fliesen stammen aus Italien und sind auf alt getrimmt.

erklärt, dass es viel zu teuer werden würde, den alten, total verwurmten Fachwerkgiebel zu restaurieren. So wurde ein neuer Giebel originalgetreu aufgebaut – „mit allen Fehlmaßen und allen Unebenheiten, die in dem alten Fachwerk waren". Weniger zufrieden war die Bauherrin mit der Firma, die in der Wohnhalle den Estrich auf den alten gestampften Lehmboden und die daraufliegende Isolationsschicht aufbrachten. „Die haben gepfuscht. Der Estrich hat sieben Zentimeter Gefälle. Wenn ich einen Eimer auskippe, weiß ich genau, in welche Richtung das Wasser läuft." Im Prinzip kann sie mit dieser Unebenheit leben. Bei den Möbeln, zum Beispiel beim Küchenschrank, hat sie die Schräge durch unterschiedlich lange Füße ausgeglichen. „Es ist auch nicht so, dass es mich riesig stört." Sehr zufrieden ist Karin Grabow-Gradenwitz dagegen mit ihrem Architekten. „Der hat ein tolles Gespür für solche alten Gebäude."

Tagebuch

Eine Giebelwand war von Schädlingen befallen, musste nachgebaut werden.

Der gegenüberliegende Giebel blieb bestehen und wurde wärmegedämmt.

Der Dachstuhl wurde erneuert, um den Ausbau in zwei Ebenen zu ermöglichen.

Vorsichtige Eingriffe in die Wandstruktur, man sollte den Stall noch sehen.

Die Bruchsteinwand war erhaltenswert: Sie wurde mit speziellem Sanier-Dämmputz versehen.

Das Vorherbild auf Seite 46 zeigt das alte, hölzerne Scheunentor. Jetzt hat die Scheune eine eindrucksvolle Glasfront, zudem eine nachträglich eingezogene Schleppgaube.

Eigentlich ist die Eingangstür an der Giebelseite, neben Küche und Speisekammer (oben), aber fast alle benutzen den Nebeneingang (unten). Die Bauherrin: „Die Küche ist eben die zentrale Anlaufstelle."

ERDGESCHOSS

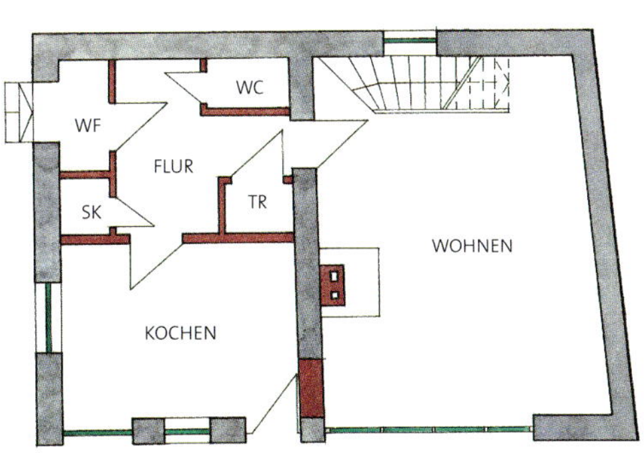

OBERGESCHOSS

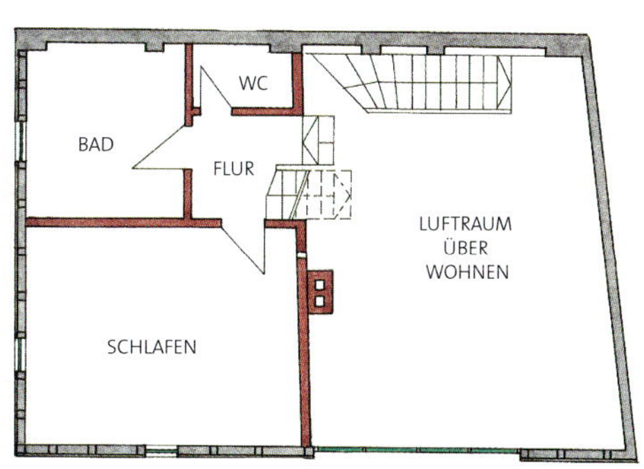

Der ehemalige Kuhstall ist jetzt die Küche. Und auf der Fläche des alten Pferdestalls befinden sich jetzt Eingangsflur und Speisekammer (SK) sowie Technikraum (TR) und Toilette.

FAKTEN

Baujahr: um 1800

Wohnfläche: 120 m²

Kosten: rund 217 000 Euro (ohne Nebenkosten)

Technik:
Solaranlage und Flüssiggas-heizung: Paradigma
Regenwasserbehälter: Mall Beton,
Innenwände: Fermacell,
Dämmung: Isofloc

Architekt:
Harald Männle
Herdweg 17
64285 Darmstadt
Telefon 0 61 51 / 66 38 50

■ **Alt** ■ **Abbruch** ■ **Neu**

Alles anders, alles neu

Eigentlich gefiel das Haus den Bauherren überhaupt nicht. Aber es hatte eine traumhafte Lage. Also haben sie es gekauft und total umgewandelt. Aus dem 60er-Jahre-Bau wurde ein Landhaus.

Besonders gut gefällt den Besitzern, dass ihr Haus im Inneren „sehr hell und etwas südländisch" wirkt.

Das Gebäude hatte vor dem Kauf nur einen einzigen großen Pluspunkt: die Lage. Die Bauherren bezeichnen sie als „einmalig". Es ist ganz ruhig gelegen und es hat zudem eine so gute Ausrichtung, dass den ganzen Tag die Sonne ins Haus scheint. „Sehr hell, sehr ruhig: solche Grundstücke bekommt man sonst gar nicht", erzählen die Bauherren. So fiel die Entscheidung nicht allzu schwer. Sie kauften es und entschlossen sich, das Gebäude so weit zu verändern, dass es ihren Wünschen entsprach. An dem Haus war zuvor schon herumgebaut worden. Es handelte sich ursprünglich um einen zweigeschossigen Flachbau. Die Vorbesitzer hatten dem Ganzen ein Satteldach aufgesetzt, das dann allerdings nicht ausgebaut worden war.

Die neuen Besitzer krempelten im Prinzip alles um. „Somit wurde das Haus gestalterisch hinsichtlich Fassade, Fensteraufteilung, Grundriss, Farben, Materialien und auch in technischer Hinsicht völlig verändert und auf den neuesten Stand gebracht", erklärt Architekt Hans-Jürgen Freiter. „Die Umbaumaßnahmen gingen bis hin zu einer neuen Betontreppe in den Spitzboden, zu Erweiterung und Änderung der Räumlichkeiten, völlig anderer Fenstergestaltung und Aufteilung." Der Bau wurde entkernt, die alten Innenwände und die alte Haustechnik wurden entfernt. Für die Neugestaltung der Fenster mussten ganze Fassadenteile herausgenommen werden. Die alten Heizkörper unterhalb der Fensterfront an der Gartenseite wurden entfernt. Statt dessen wurden neue bodentiefe Sprossenfenster mit grünen Fensterläden eingesetzt. Da die Bauherren auch das vorher nicht ausgebaute Dach als Wohnraum nutzen wollten, entschieden sie sich für eine Gaube, die für Licht und Stehhöhe sorgt. Da es im Dachgeschoss keine Fenster gab, wurden zwei große Giebelfenster – eines fürs Badezimmer, das andere für den Wohn- und Schlafraum – eingesetzt. Die alte Fassade, vorher mit roten Klinkern und Putz versehen, wurde komplett weiß gestaltet. „Interessant bei dieser Baumaßnahme ist, dass man aus ein und derselben Rohbausubstanz zwei völlig anders gestaltete Häuser haben und machen kann", erklärt der Architekt. „Zu bewerkstelligen war das, indem man eine völlig neue Hausplanung machte, in etwa nur mit den Maßen des alten Hauses und diese dann auf den Altbau übertrug." Auch das ehemals rustikalkonservative Innenleben hat sich stark verändert. Alles, was unnötig war, wurde weggelassen. Die Wände wurden weiß verputzt, dazu kommen die hellen Böden aus kanadischem Ahorn und das Licht der großen Fenster. Die Bauherren: „Jetzt wirkt das Ganze unheimlich leicht und etwas südländisch, sehr hell und offen und das gefällt uns sehr gut."

Nur die Bäume vor dem Haus sind gleich geblieben. Ansonsten hat sich das Gebäude durch die Neugestaltung mit Sprossenfenstern und grünen Fensterläden optisch stark verändert.

Aus dem konservativ-rustikalen Interieur wurde etwas ganz Neues gestaltet. Durch neue Material- und Farbgestaltung hat das Haus klare, puristische Formen angenommen.

FAKTEN

Baujahr: 1962

Kosten: etwa 310 000 **Euro**

Wohnfläche früher: 160 m²

Wohnfläche heute: 190 m²

Architekt: Hans-Jürgen Freiter,
Solinger Str. 93, 40764 Langenfeld
Telefon 0 21 73 / 23 082
Telefax 0 21 73 / 23 085

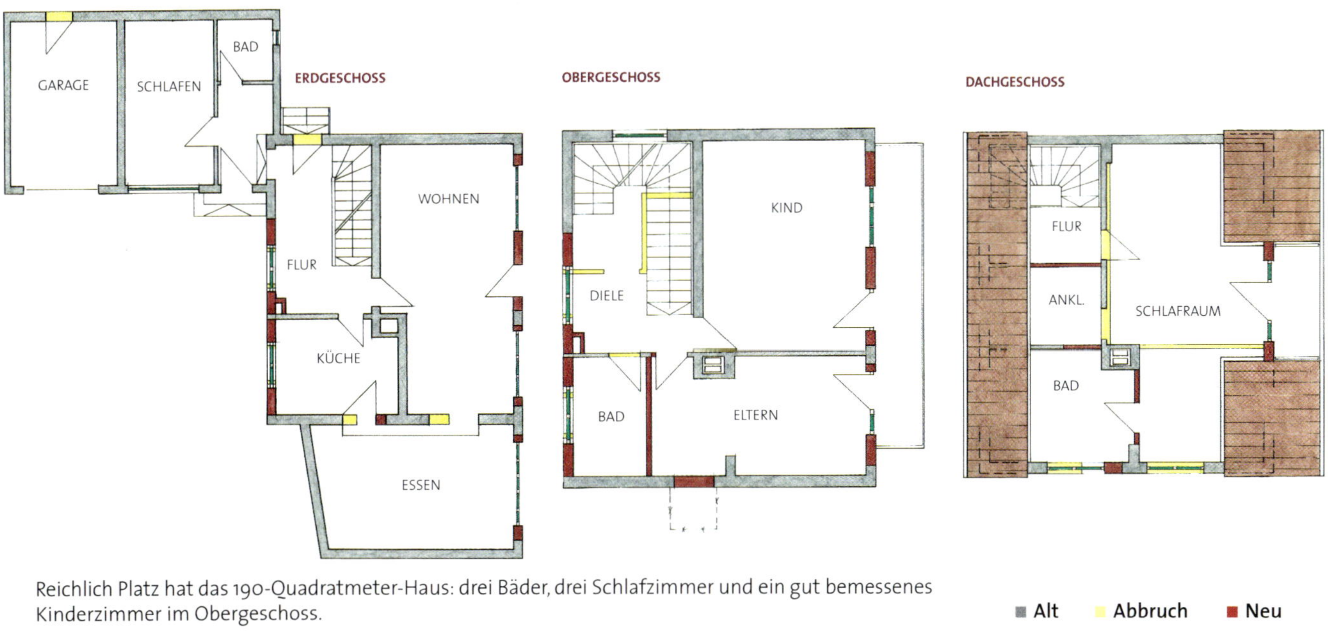

Reichlich Platz hat das 190-Quadratmeter-Haus: drei Bäder, drei Schlafzimmer und ein gut bemessenes Kinderzimmer im Obergeschoss.

Das
Haus im Forst

Es ist nur von Wiesen und Wäldern umgeben. Der nächste Nachbar ist 500 Meter entfernt. Einfach eine traumhafte Lage hat dieses ehemalige Forsthaus im Sauerland. Es ist zugleich das Elternhaus des Architekten Wolf Sager. So hatte er relativ freie Hand, als er das Nachkriegs-Haus für seinen Bruder Jürgen und dessen Frau Anne umbaute.

Das alte Forsthaus war im Jahr 1949 mit vergleichsweise bescheidenen Mitteln errichtet worden. In den 70er Jahren folgte die erste größere Umbaumaßnahme, vor allem im Dachgeschoss. Doch erst sehr viel später gaben die Architekten Wolf Sager und Volker Kosel dem Haus ein völlig neues Gesicht: mit einem modernen Pultdach-Anbau auf der Giebelseite, mit viel Glas und zwei überm Hang gelegenen Holzterrassen, die einen malerischen Ausblick bieten. Da Wolf Sager das Haus für seinen Bruder umbaute, gab es von dieser Seite weniger Einschränkungen als bei anderen Bauherren. Allerdings liegt das Haus im so genannten Außenbereich und durfte daher nur um etwa 20 Prozent in Bezug auf Fläche und Volumen gegenüber dem Bestand vergrößert werden. Zudem musste der Anbau möglichst dem orts- und landschaftstypischen Charakter entsprechen.

Eine Harmonie zwischen Alt und Neu stellten die Architekten unter anderem dadurch her, dass sie zumindest zum Teil die gleichen Materialien für beide Hausteile wählten: so zum Beispiel naturrote Ziegel für die Dacheindeckung, brettschichtverleimtes Fichtenholz für das Holzskelett des Anbaus, Fichtenholzfenster mit hochwärmegedämmtem Glas. Für die Fassaden von Alt- und Neubau wählten sie eine Boden- und Deckelschalung aus Fichte.

Die extrem hohe Wärmedämmung der Dachflächen (es wurde eine Aufsparrenwärmedämmung aus Polyurethan verwendet), der Fassaden (120 Millimeter Mineralwolle hinter der Holzverkleidung) und der Fensterverglasung bietet zudem Schutz vor Überhitzung im Sommer und vor Auskühlung im Winter.

FAKTEN

Baujahr: 1949

Anbau: Holzskelettbauweise

Fläche vor Umbau: 223 m²

Fläche nach Umbau: 265 m²

Kosten: etwa 255 000 Euro

Architekten:
Sager Kosel Sozietät
Parkstraße 65
58509 Lüdenscheid
Telefon 0 23 51 / 15 38 30
Telefax 0 23 51 / 15 38 320

Bewusst in der Formensprache der 90er Jahre konzipiert wurde der großzügige Anbau, mit dem das Gebäude um rund 42 Quadratmeter mehr an Wohnfläche gewann. Errichtet wurde er in klassischer Holz-Skelettbauweise aus Fichtenholz. Mit seiner offenen Konstruktion ermöglicht er einen freien Durchblick vom Obergeschoss des alten Haupthauses in den neu gebauten Wohnraum bis über die beiden Terrassen hinaus. Da das Haus am Hang liegt, bietet es einen wunderbaren Blick in die idyllische Sauerland-Umgebung.

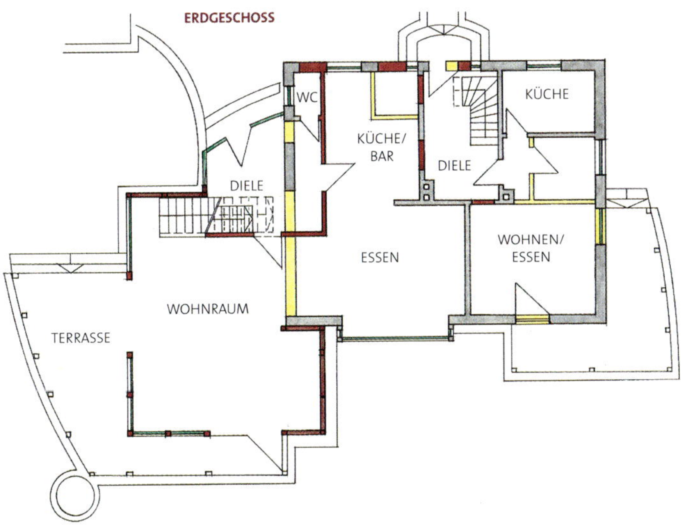

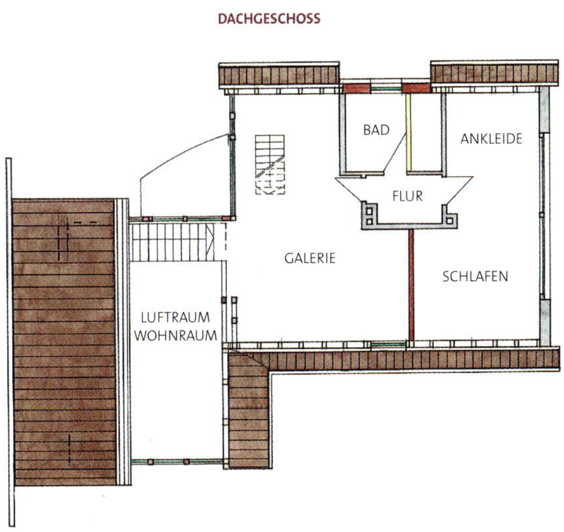

Etwa ein Drittel des Altbaus wurde zu einer separaten Einliegerwohnung umgeplant, in der ein Ehepaar mit Kind wohnt. Der Platz, der durch den Anbau gewonnen wurde, kommt vor allem dem Wohnbereich der Hauptwohnung zugute. Vom Wohnraum aus führt eine Treppe auf die Galerie.

■ **Alt** ■ **Abbruch** ■ **Neu**

Der Berg ruft

„Da hätten Sie keine 25 Euro dafür gegeben", sagt Bauherr Helmut Heidlindemann. Das ehemalige Jagdhaus war uralt, von Insekten zerfressen. Jetzt ist es ein stilvoll hergerichteter Ferienwohnsitz.

Das Dach (rechts) wurde mit alten Original-Holzschindeln gedeckt. Die Fassade ist neu und besteht aus Lärchenbrettern.

Bauherr Heidlindemann: „Wir haben den alten Charakter bewahrt. Alles, was irgendwo erhaltenswert war, haben wir auch erhalten."

Die grünen Kacheln sind antik, der Kachelofen wurde von einer ortsansässigen Firma gebaut und ist Wärmespender für die untere Etage des Hauses.

Das alte Jagdhaus liegt im Steirischen Salzkammergut in Österreich. Es gehört zum bekannten Urlaubsdorf Altaussee und ist etwa einen Kilometer vom Ort entfernt. Zum Skilift ist es nicht allzu weit und am Gebäude vorbei führt ein Wanderweg zu einer Alm. Eine idyllische Landschaft und eine ideale Umgebung für einen Ferienwohnsitz. Das Gebäude selbst allerdings sah alles andere als ideal aus, als Helmut Heidlindemann es kaufte. Über 300 Jahre alt (Baujahr 1662), die linke Hälfte bereits von Termiten zerfressen und total heruntergekommen. „Da hätten Sie keine 25 Euro dafür gegeben."

Kaum zu glauben: Fast 60 Jahre lang war das Haus leer gestanden. Ein wichtiger Grund dafür, dass der Erwerb für einen Käufer aus Deutschland problemlos war. Denn von den Einheimischen wollte es offensichtlich keiner haben. „Die hätten wohl nur einen Bulldozer genommen und es auf die Seite geschoben", meint der heutige Besitzer. Dabei ist das Haus nicht nur durch seine Lage interessant, sondern auch durch seine Geschichte. „Es wurde von dem Adelsgeschlecht von Hohenlohe als Jagdhaus benutzt", weiß der Bauherr. „Eine Gräfin von Hohenlohe hatte früher einmal ihre Sommerresidenz in Aussee." Fakten für die neuen Eigentümer: Rund 300 000 Euro kostete die Sanierung, rund zwei Jahre dauerte der Ausbau. „Das Haus hatte keine Kanalisation. Wir haben dann als nahe liegende Lösung ein Abwasserbecken mit Mikroben installiert. Es muss nicht geleert werden. Und für die Zuleitung haben wir eine Quelle in den Bergen gefasst."

Der alte Kern blieb weitgehend erhalten. In einem Anbau ließ Heidlindemann einen Sanitärtrakt unterbringen – mit Küche, Toilette, Dusch-Ecke, Whirlpool und Sauna. Insgesamt wurde die Wohnfläche von etwa ehemals 120 auf jetzt rund 180 Quadratmetern erweitert. Zudem bekam das Jagdhaus eine neue Fassade aus Lärchenholz. „Wir haben außen die Elektroleitungen gelegt. Dann haben wir die Außenwand gedämmt und darauf eine neue Hülle aufgebracht." Helmut Heidlindemann: „Wenn man die historische Substanz nicht erkennt, sagt man vielleicht: alte Hütte. Aber weil ich hier mit alten Materialien neu gebaut habe, habe ich erkannt, welche schöne Substanz drin ist."

Naturnahe Lage im Steirischen Salzkammergut. Im Hintergrund rechts der Loser, der Hausberg von Altaussee.

Wie in der guten alten Zeit: die Holzbalkendecke stammt noch vom Urzustand, die Eckbank wurde neu angefertigt.

Gemütlichkeit unter der holzverkleideten Dachschräge: Das rot gestreifte Sofa ist neu, passt aber gut ins ländliche Ambiente.

Idylle auf dem Land

Die Zimmer in dem über hundert Jahre alten, Bauernhaus waren klein, dunkel, mit niedriger Decke. Bauherrin Christine Görtz wünschte sich aber einen großen Raum. Also wurde eine alte Scheune zum neuen Wohntrakt umgebaut.

Bauherrin Christine Görtz in ihrem Garten.

Bis unters Dach offen: Der neue Wohnraum in der Scheune hat rund 30 Quadratmeter.

Tief in der dicken Wand aus Holz und Mauerwerk sitzt ein Gaubenfenster.

Das Bauernhaus in Nordrhein-Westfalen hatte Christine Görtz schon in den achtziger Jahren gekauft. Ein langgestreckter schmaler Bau, in dem die kleinen Räume direkt hintereinander angeordnet waren. Schon kurz nach dem Kauf wurde das Gebäude modernisiert: statt der alten Öl-Einzelöfen gab's eine Öl-Zentralheizung, zusätzlich noch Kaminöfen. Die Fenster und der Fußboden wurden neu gemacht, außerdem Wände herausgerissen und das Dach mit Glaswolle gedämmt. Von der Grundstruktur her blieben die Zimmer allerdings ähnlich wie vorher: klein, dunkel, mit einer Deckenhöhe von gerade mal 2,10 Metern. Und damit war Christine Görtz auf die Dauer nicht zufrieden. Sie wünschte sich mehr Platz und mehr Licht – „mit Räumen, in denen man auch mal durchatmen kann", so formuliert es Architekt Armin Hartleib. Mit der Bauherrin einigte er sich darauf, dass die alte, bisher nicht bewohnbare Scheune am Bauern-

Tagebuch

Beim Ausbau war vor allem Eigenleistung gefragt. Die alten Mauern der Scheune konnten dabei weitgehend erhalten werden.

Mühsam: Die Helfer packten die Folie zusammen und rollten sie dann über eine Leiter nach oben auf das Garagendach.

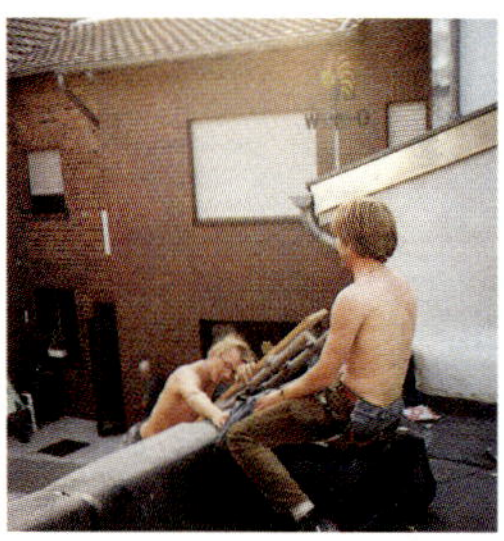

Geschafft. Die Folie dient als Untergrund für die Pflanzen, mit denen das Garagendach begrünt werden soll.

In die Gaube eingesetzt wurden alte Fensterelemente, die Bauherrin Christine Görtz unter anderem auf Flohmärkten gesammelt hatte.

Blick ins Esszimmer. Der Fussboden besteht aus Hobeldielen.

Oben: Typisch für Eifelhäuser ist der gemauerte Giebel auf der Wetterseite. Unten: Die Gaube von außen, in Eigenleistung mit einfachen Blechtafeln erstellt.

haus zum neuen Wohntrakt umgenutzt werden sollte. Dabei sollte der Charakter der Gebäudehülle erhalten bleiben, „da die vorhandene Bebauungsstruktur als ortsbildprägend gilt", so Hartleib. Kleine Fensteröffnungen an der Straßenseite des Anbaus fügen sich harmonisch in die Fassade ein, ebenso wie die neue Verkleidung aus Lärchenholz. Und da der Ausbau nicht viel kosten sollte, wurde fast alles in Eigenleistung gemacht. Christine Görtz, ihr Bruder – ein Steinmetz – und ihr Schwager – ein Betonbauer und Maurer – arbeiteten fast jeden Tag auf der Baustelle, oft bis in den späten Abend hinein. Die Mühe hat sich gelohnt: in rund fünf bis sechs Monaten waren sie fertig.

OBERGESCHOSS

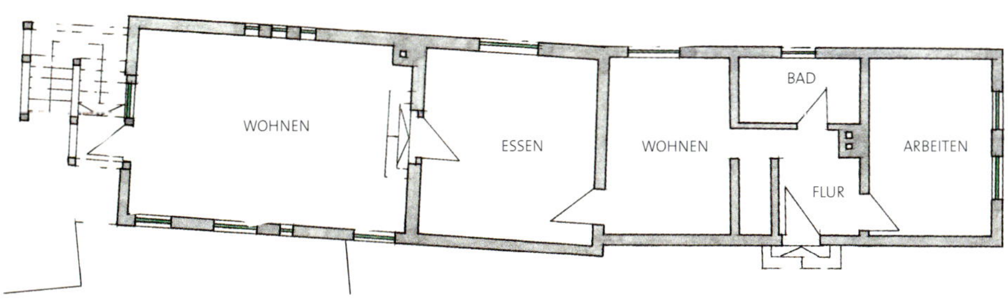

Auf den ersten Blick keine wesentlichen Veränderungen, denn die alten Mauern blieben weitgehend stehen. Der Unterschied zeigt sich erst im Ausbau der alten Scheune zum großen Wohnbereich.

FAKTEN

Baujahr: um 1900

Ausbau: viel Eigenleistung

Wohnfläche vorher: ca. 100 m²
Wohnfläche nachher: ca. 130 m²

Architekten:
Palazzo Presto
Bauplanungsgesellschaft
Armin Hartleib
Monschauer Straße 70
52355 Düren
Telefon 0 24 21 / 6 18 17

Zwischen Wald und Wiesen

Monika und Eugen Steeb wollten eine Randlage. Die haben sie bekommen, dazu eine fantastische Aussicht. Und ein Haus, bei dem der Bauherr mal so richtig zulangen konnte.

Gestalterischer Akzent von außen: das Bullauge. Es war ein Vorschlag des Architekten. Die Bauherren fanden die Idee gut – „das gibt dem Haus eine besondere Note".

Neben dem Wohnbereich der Essbereich, mit Blick ins Freie und mit einem schwarzen Klavier in der Ecke.

Im Flur ließen die Steebs eine tragende Wand herausnehmen, die statische Funktion übernimmt jetzt eine Säule aus Stahl.

Mindestens 20 Häuser hatten Monika und Eugen Steeb bei ihrer Immobiliensuche bereits besichtigt. Ihre Vorstellung: „Wir wollten einfach eine Randlage." Schließlich, nach einem halben Jahr Suche, fanden sie genau das Richtige: ein ehemaliges Zweifamilienhaus, Baujahr 1954, in Wangen bei Göppingen. „Die Lage ist fantastisch", schwärmt Eugen Steeb. „Wir haben im Norden, im Eingangsbereich, Wald. Dann keine Durchfahrtsstraße, sondern einen landwirtschaftlichen Weg mit nur drei weiteren Häusern auf der gleichen Straßenseite. Wir haben eine fantastische Fernsicht. Und wir haben eine fantastische Nahsicht, runter über eine Wiese in eine Talaue, wo ein Bach mit altem Baumbestand fließt. Das ist wirklich wunderschön."

Das Gebäude erfüllte auch den zweiten Wunsch der Steebs: „Lieber ein älteres Haus, bei dem man sich nicht davor scheut, wirkliche Eingriffe zu machen. Da kann man richtig zulangen. Bei einem nur zwanzig oder dreißig Jahre alten Gebäude hat man vielleicht eher Skrupel." Diese Bedenken jedenfalls mussten die Bauherren bei dem Haus in Wangen nicht haben: die Wasserleitungen waren kaputt, Zentralheizung gab es sowieso keine – nur ölbeheizte Einzelöfen. Der alte Linoleumboden und die alten Bretterböden waren nicht mehr verwendbar. Und die hellblauen und grünen Fliesen entsprachen wesentlich mehr dem Geschmack der fünfziger Jahre als zeitgemäßem Schönheitsempfinden. Die Steebs entschieden sich also relativ schnell, das Haus zu kaufen. Und dann ging's los. Ein halbes Jahr lang etwa schuftete der Bauherr in Eigenleistung – und vorwiegend allein – um aus dem ehemaligen Zweifamilienhaus mit seinen kleinen und engen Zimmern ein Einfamilienhaus im Rohbau-Zustand zu machen. Eugen Steeb: „Ich habe alle Fenster rausgemacht, hab das Dach abgedeckt, den Außenputz abgeschlagen, alle Fußböden und alle Leitungen rausgerissen."Die Stunden, die er damit verbrachte, hat der Bauherr gar nicht mehr gezählt. Im Schnitt waren es täglich mindestens drei, dazu die Arbeit an den Wochenenden. „Wenn man die Eigenleistung in Euro ausdrücken würde, weiß ich nicht, ob 25 000 reichen würden", meint er.

An eine witzige Begebenheit aus dieser Zeit kann er sich noch gut erinnern. Steeb hatte, als er das Haus gewissermaßen ausbeinte, eine Annonce in der Lokalzeitung aufgegeben, in der er alte Fenster, Türen, Ölöfen zum Verkauf anbot. Als Besichtigungstermin hatte er einen Samstagmorgen angesetzt. „Und da kamen völlig überraschend mindestens an die 30 Leute daher und haben mir die Sachen sozusagen aus der Hand gerissen. Die Preise haben wir dabei an Ort

Der gemütliche und helle Wohnbereich im Erdgeschoss. Der Boden wurde mit Ahornparkett belegt.

Das charakteristische Bullauge gibt der hell und sachlich eingerichteten Küche einen besonderen Touch.

Die orangefarbene Wand über der Wanne ist in Wischtechnik gemalt, von Eugen Steeb mit einem Schwamm aufgetragen.

und Stelle ausgehandelt, da kam ich kaum zum Nachdenken, weil das Ganze eine solche Überraschung war." So wurde Eugen Steeb zwar nicht alles los von seinen alten Teilen, aber immerhin doch sehr viel. Nach dem ersten halben Jahr dauerte der Umbau des Hauses praktisch noch einmal ein halbes Jahr. Der Bauherr: „Da kamen dann die Handwerker und traten sich wirklich auf die Füße. Da war unheimlich was los." Der neue und unterkellerte Carport musste gebaut werden, die Fensteröffnungen wurden vergrößert. Teilweise waren neue Wände aus Poroton-Ziegeln beziehungsweise als Leichtbauwände einzuziehen, eine tragende Wand wurde entfernt und durch eine statische Konstruktion wieder abgefangen. Dazu kam noch eine neue Öl-Zentralheizung.

Was Steeb heute anders machen würde? „Ich würde mir bei den Preisen etwas einfallen lassen. Ich würde die Leistungen für die Handwerker ausschreiben und nicht mehr direkt vergeben. Das haben wir eben gemacht, weil der Architekt und ich eine ganze Reihe von Handwerkern persönlich kennen. So wurde es aber nicht billiger, denn die haben das einfach im Stundenlohn abgerechnet."

FAKTEN

Baujahr: 1954

Wohnfläche: 180 m²

Kaufpreis: ca. 306 000 Euro

Baukosten: ca. 306 000 Euro

Architekt:
Peter Michael Dauner
Olgastraße 26
73033 Göppingen
Telefon 0 71 61 / 22 550
Telefax 0 71 61 / 27 551

Verschalt ist das Haus mit Douglasie-Brettern. Die hellgrüne Farbe symbolisiert das mit Naturfaserplatten gedämmte Niedrigenergiehaus. Rechts im Bild der Carport.

Was den Steebs an ihrem Haus besonders gut gefällt, ist die „fantastische Lage" – mit Wiese, Wald und Bach.

ERDGESCHOSS

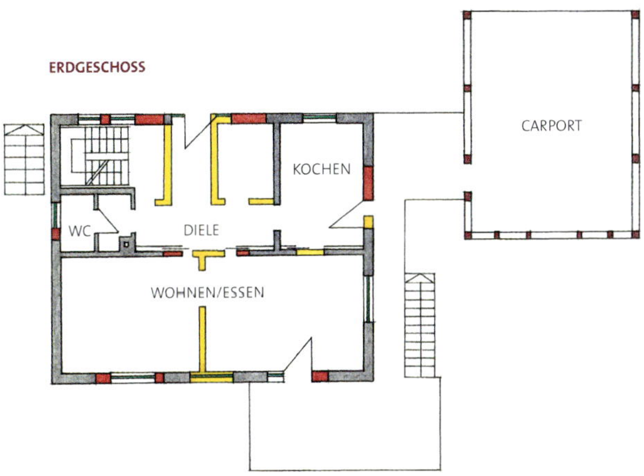

OBERGESCHOSS

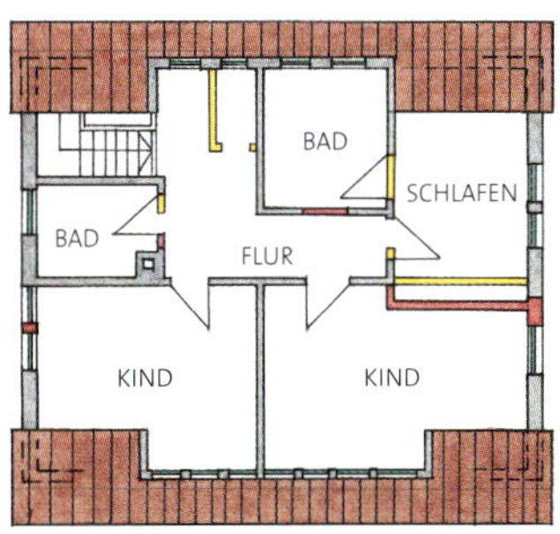

Im Erdgeschoss fielen Wände und schufen so den großzügigen Wohnbereich und die ebenfalls großzügige Diele. Unterm Dach ist Platz für die beiden Kinder Leah und Lucca.

■ Alt ■ Abbruch ■ Neu

Perfekte Symbiose von Alt und Neu

Ein Landhaus sollte es sein! Das junge Ehepaar ist beruflich stark eingespannt und wünschte sich den ländlichen Wohnsitz mit all seinen Vorteilen als nötigen Gegenpol zur Arbeit. Eine Erbengemeinschaft bot das ideale Objekt an – den Hof aus den 30er Jahren. Und ein befreundeter Architekt half, die Vision zu realisieren. Entwickelt wurde ein auch zu anderen Bauernhäusern kompatibles Konzept: Altes alt belassen, Nutzbares sanieren, Neues ergänzen und ablesbar machen.

Seid Euch über eines im Klaren: wenn Ihr dieses Haus renoviert, wird das genauso teuer, wie wenn Ihr es abreißen und neu bauen lasst!" Deutliche Worte des Architekten an seine Auftraggeber. Doch die hatten sich insgeheim schon für den von privat angebotenen Hof entschieden. Großes Grundstück, am Horizont die Bergkette der Schwäbischen Alb, in die Stadt – dort arbeiten die Bauherren – 20 Minuten mit dem Auto. Reizvolle Daten. Ähnliche Objekte sind im Umkreis der süddeutschen Universitätsstadt dünn gestreut.

Gemeinsam wurde das Nutzungskonzept erarbeitet. Was wollen wir? Was brauchen wir? – lauteten die Leitfragen. Nach Art mancher französischer Landhäuser sollte sich das Gebäude zur Straße hin geschlossen präsentieren, nach hinten dafür möglichst transparent, das heißt mit viel Glas und intensiver Anbindung an den Garten (englische Landhäuser sind übrigens häufig genau andersrum konzipiert: vorne großer, repräsentativer Garten, hinten ist das Grundstück oft gleich nach dem Haus zu Ende). Der Haupteingang des Anwesens führt in die zentrale, offene Wohnhalle. Hier wird mit Gästen gegessen und gefeiert. Beeindruckend das alte Balkenwerk, Stück für Stück vom Schreiner abgeschliffen (Kostenpunkt: mehrere tausend Euro). Per Treppe gelangt man in eine Zwischenetage, den Bürobereich. Diese Etage ist durch eine zum Holz attraktiv kontrastierende Stahlkonstruktion entstanden, die mit einer Schwingungen verhindernden, zwölf Zentimeter dicken Betonplatte sowie mit Estrich und einem Parkett versehen ist. Drei Stufen höher liegt eine weitere Ebene, ausgestattet mit eleganten Rattan-Sitzmöbeln und der zweiten Feuerstelle. Auch von hier oben wirkt der Raum überraschend hoch, Architekt Kai-Derek Eger führt das mit auf den dunklen Bodenbelag zurück, einen Ölschiefer, der das viele Weiß und die Weite der Wände durch sein Schwarz noch verstärkt. Tipp: Ölschiefer nur von erfahrenen Handwerkern einbringen lassen! Die Platten werden nass in nass verlegt, und das muss äußerst sorgfältig geschehen, da – im Gegensatz zu Granit und Marmor – ein Abschleifen vor der Versiegelung nicht möglich ist. Wird nicht sauber gearbeitet, muss man den hartnäckigen Fugenschleier mühsam entfernen – ein oft stundenlanger und ärgerlicher Prozess. Die Schieferplatten geben einen guten Wärmespeicher ab für die darunterliegende Fußbodenheizung. Wichtig, denn das Haus ist innengedämmt, wodurch Etliches an wärmeabsorbierender Fläche als Speichermasse verloren geht. Auf die Außenwände wurden innen eine Kunststofffolie aufgebracht und Kanthölzer geschraubt. Die Räume zwischen den Hölzern sind mit sechs Zentimeter Dämmung gefüllt. Gipskartonplatten bilden die raumseitige

Wohnerlebnis auf drei Ebenen: Ölschieferboden definiert den zur Küche hin offenen Wohn-/Essbereich. Per Treppe erschlossen wird zunächst eine Büro-Zwischenetage, dann die Sitzecke (rechts). Nicht nur mit dem Holzständerwerk harmonieren die Stahlstützen, auch dem Faible für chinesisches Interieur bieten sie den passenden Rahmen. Bald gibt's auch Ersatz für die noch aus dem vorherigen Haushalt stammende Kamincouch.

Die privaten Zimmer liegen wie früher im rechten Teil des Hauses. Leichte Grundrisskorrekturen ermöglichen modernes Wohnen. Direkt dem Bad zugeordnet ist das Elternschlafzimmer mit seinem originellen Raumteiler: Aus der Zwischenwand wurden die Füllungen entfernt, übrig blieb das Holzgerüst. Eine Wandscheibe trennt die Ankleide ab.

Links und unten: die Straßenseite. Rechts: Die Fassade des Mittelteils ist zum Garten hin verglast. Fensterbänder längs beider Dachseiten maximieren die Lichtausbeute. Angebaut wurde ein Teil des Küchenraumes und – vom Gebäude leicht abgesetzt – die in Beton, Stahl und Glas ausgeführte Garage.

Oberfläche. Eine außenliegende Dämmung hätte den Wasser ziehenden, da porösen Tuffstein nach Meinung des Architekten mit der Zeit zerstört (und natürlich wäre auch die schöne Tuffstein-Oberfläche nicht mehr zu sehen gewesen). Zusätzliche (Sonnen-)Wärme liefern die längsseits angebrachten Fensterbänder. Im Sommer können diese Glasflächen durchaus zu höheren Innenraumtemperaturen führen. Dann öffnet man einfach die beiden motorisch betriebenen, rechts und links des Firstes eingebauten Spitzbodenfenster. Thermik bewirkt, dass die ganze Halle über den zum Spitzboden führenden Durchlass belüftet wird (die alte Heubodenleiter hängt dort immer noch an ihrem angestammten Platz).

Landhäuser – das sind für Kai-Derek Eger freistehende, in großzügige Grünbereiche eingebundene Wohnhäuser. Innen erkennt man in der Regel die Tragstruktur der Gebäude, oft als Fachwerk. Bei der Ausstattung ist Einfachheit Trumpf: einfache Bodenbeläge, helle (meist cremeweiße) Wände. Da verbieten sich Zutaten, die allzu gestylt daherkämen: Vergoldete Türklinken etwa oder ein hochglänzender Granitboden. Eger hat zwar ausgezeichnete Materialien gewählt, sie aber dezent eingesetzt, so dass sie mit dem Originalinterieur harmonieren, ja die Wirkung des imposanten Holzständerwerks noch unterstreichen. Viel Finesse steckt in Details, sei es im Design oder bei technischen Schnittstellen. Nicht ganz einfach war beispielsweise die Installation der vielen Heizkörper. Denn wegen der Innendämmung durfte nicht in die Wände eingegriffen werden.

Wichtig für perfekte Bauabläufe und perfektes Finish ist auch ein Planer, der möglichst oft vor Ort ist. Da Eger arbeits- und zeitaufwendige Objekte im Gewerbebereich zu betreuen hat, suchte er einen Architekten, der für ihn Ausschreibung, Vergabe und Bauleitung übernehmen konnte. Er fand ihn in dem Tübinger Michel Aguilar. „Wir liegen planerisch auf einer Wellenlänge", sagt Eger. Die Grundvoraussetzung für erfolgreiche Zusammenarbeit!

Liebe zum Detail: Stahlklappläden als Kontrast zum Tuffstein, Korkstreifen neben dem Stahl dämpfen den Trittschall, Holzwürmer mussten gehen, ihre pittoresken Gänge blieben. Moderner Eingangsbereich.

ERDGESCHOSS

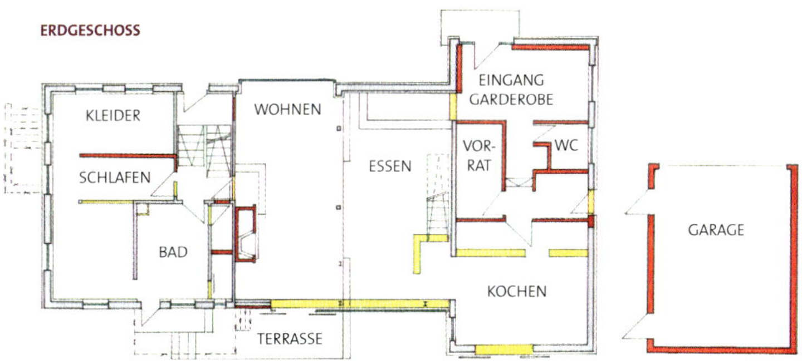

DACHGESCHOSS

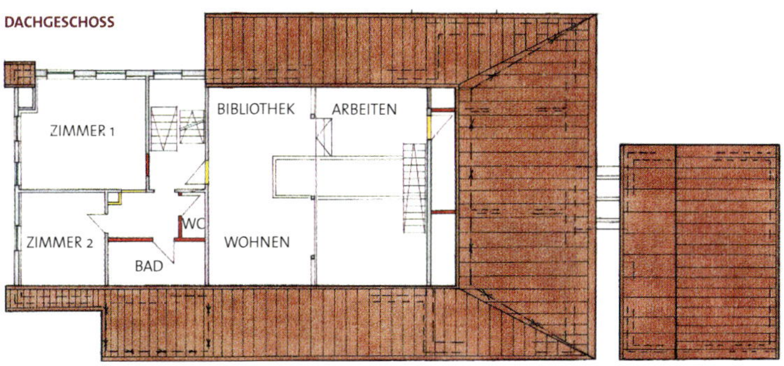

■ Alt ■ Abbruch ■ Neu

FAKTEN

Baujahr: 1932

Wohnfläche früher: 130 m²

Wohnfläche heute: 300 m²

Planung:
Fuchs + Eger, Kapfstr. 30, 70771
Leinfelden-Echterdingen
Telefon 0 71 51 / 94 350

Bauleitung:
Dipl.-Ing. Architekt Michel Aguilar
Uhlandstr. 8
72072 Tübingen
Telefon 0 70 71 / 92 45 10

Gute alte Scheune

Für Udo Hartenstein steht fest: er würde wieder eine alte Scheune ausbauen, „denn so ein Haus gibt's dann nur einmal auf der Welt". Auch wenn der Wohncharme hart erarbeitet ist ...

Mit viel Liebe zum Detail wurde die Scheune in ein gemütliches, lichtdurchflutetes Domizil verwandelt. Auch die Technik ist auf neuestem Stand.

Noch nie hatte der Zimmermann ein so gut erhaltenes Scheunen-Balkenwerk gesehen. Hartensteins frischten es selber mit Stahlbürsten und Öko-Lasur auf. Sind die Kinder größer, wird der Laminatboden durch Parkett ersetzt.

Udo Hartenstein ist ein ausgezeichneter Handwerker. Dabei macht er von Berufs wegen eigentlich etwas ganz anderes: Er arbeitet im Vertrieb eines IT-Unternehmens. Sein manuelles Geschick konnte er gut nutzen. War er doch seit ein paar Jahren, zum Teil mit Familienmitgliedern und Freunden, unermüdlich auch an Wochenenden mit dem Ausbau dieser Scheune beschäftigt (und immer noch gibt es unterm Dach Arbeit, siehe Seite 86). Zu hohe Immobilienpreise im Großraum Stuttgart hatten den gebürtigen Pfälzer und seine Frau letztlich bewogen, die verwandtschaftliche Scheunenofferte anzunehmen.

Das erste fachmännische Urteil stimmte optimistisch: Ein erfahrener Zimmermann malträtierte das Balkenwerk, prüfte es auf Herz und Nieren und befand, noch nie eine so gut erhaltene Scheune gesehen zu haben. Er empfahl auch einen Architekten, Peter Vollmer, der schon ähnliche Objekte erfolgreich realisierte. „Herr Vollmer war mir auf den ersten Blick sympathisch, nach fünf Minuten war er engagiert." Udo Hartenstein wollte nicht mit Menschen kooperieren, bei denen er das Gefühl hatte, übers Ohr gehauen zu werden, „oder die mit weißem Hemd auf die Baustelle kommen und hoffen, sich nicht schmutzig zu machen". Deshalb rief er über die Gelben Seiten des Telefonbuchs knapp 30 Architekten an, von denen die meisten schon bei diesem ersten Kontakt durchfielen. Von einer Firma, einer Gesellschaft für ökologisches Planen und Bauen (sie führte später hervorragend die Zimmermannsarbeiten durch), kam der entscheidende Architektentipp. Peter Vollmer konnte den Bauherrn von alternativen Materialien überzeugen. Beispielsweise von acht Zentimeter dicken Hanfplatten als Wanddämmung in den Trockenbauwänden, von Holz-Weichfaserplatten im Bodenaufbau und Zellulosedämmung im Dach – herkömmliche Produkte wären günstiger gewesen, „aber wenn man Kinder hat, ist das ein gutes Gefühl, so zu bauen", meint Udo Hartenstein. Da nahm er gerne in Kauf, dass etwa die Hanfplatten – im Vergleich zu Hartschaum – viel schwieriger zu verarbeiten und zwei Drittel teurer waren.

Obwohl das Gebäude aus der Familie seiner Frau stammt, kostete alles zusammen zirka 300 000 Euro. Eigenleistung ausgenommen. „Ohne selber anzupacken, kann sich so etwas heute kaum noch jemand leisten", sagt der Bauherr. Und rät: „Was man selber machen kann, sollte man auch selber machen!" Der Hartensteinsche Do-it-yourself-Katalog umfasste auch schwere körperliche Arbeit: Balken mit Stahlbürsten reinigen, tonnenweise Split einbringen, Trockenbauwände und Fußbodenaufbau erstellen, Ausfachungen entfernen.

Keine Genehmigung für Gauben! Macht nichts: Dachflächenfenster spenden noch mehr Licht.

Hochwertige Fliesen, geschmackvoll abgestimmte Farben: ein komfortables Bad!

„Abartig viele Stunden, aber auch jede Menge Spaß und gutes, gemeinschaftliches Essen und Trinken!" Manche Arbeiten waren natürlich nicht selbst zu leisten. Sache von Fachleuten waren unter anderem die Glaserarbeiten „die nahezu jeden Schwierigkeitsgrad enthielten".

Unterm Dach gibt's noch zu tun!

Ein toller Raum, dessen endgültige Nutzung allerdings noch nicht feststeht.

Die Arbeit an der alten Scheune geht nie aus. Und das ist auch gut so, denn trotz unendlich vieler auf seinem Bau verbrachter Stunden hat Udo Hartenstein immer noch Freude am Handwerken. Das ist vielleicht auch ein Ausgleich zu seiner Vertriebstätigkeit als Elektroingenieur. Beim Dachgeschossboden war eine schwere Splitschüttung nicht nötig. Die Holztafeln werden direkt auf Weichfaserplatten verlegt und die Wände mit Gipsfaserplatten verkleidet.

Am zweizügigen Schornstein hängen der Kachelofen und die Gas-Brennwerttherme im Technikraum.

FAKTEN

Baujahr: 1872

Wohnfläche: 330 m²

Materialien:
Hanfplatten als Wanddämmung, Holz-Weichfaserplatten beim Bodenaufbau, Zellulosedämmung im Dach

Architekt:
Peter Vollmer
Bismarckstraße 35
71409 Schwaikheim
Telefon 0 71 95 / 96 90 36
Telefax 0 71 95 / 96 90 37

ERDGESCHOSS

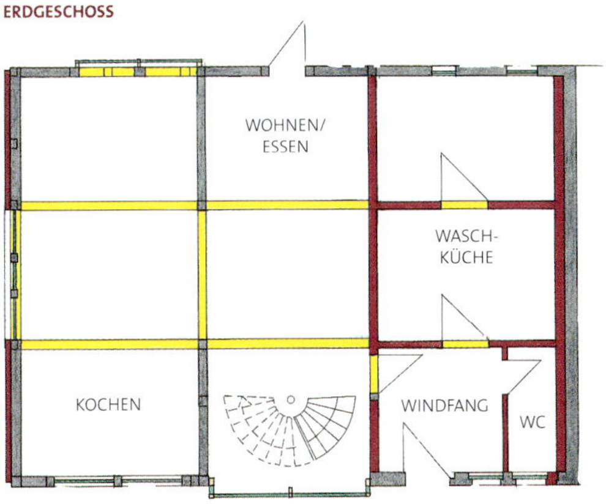

DACHGESCHOSS

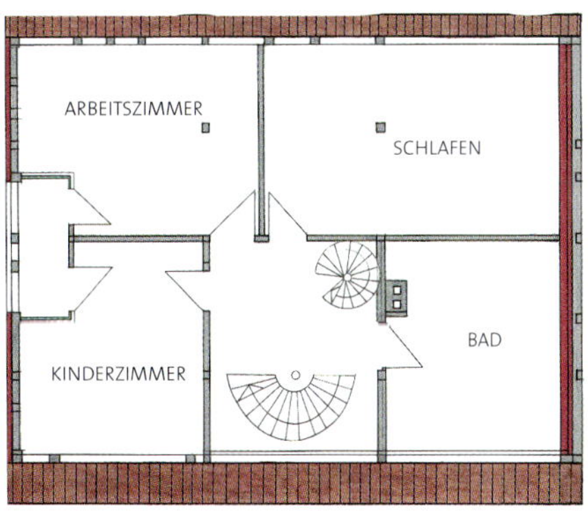

„Das hat knapp 130 Jahre so gestanden, das soll auch weiter so stehen!" – Auf Bauherrenwunsch sollte das Balkenwerk möglichst wenig verändert werden. Nur die Küche wurde etwas kleiner.

■ Alt ■ Abbruch ■ Neu

Wohnen in freier Natur

Die Großeltern von US-Astronaut Neil Armstrong waren Nachbarn. Wanderten – wie so viele – vor über hundert Jahren aus, weil die sandigen Schollen nichts mehr hergaben. Zurück blieben feine Fachwerkhäuser. Wie unser traumhaft renoviertes Beispiel.

Längst sind die Böden wieder fruchtbar. Sattes Grün umschmeichelt frisch getünchte Gefache. Optisch ein Haus wie anno dazumal, technisch aber topmodern. Auffallend: die symmetrisch angeordneten Eingangsleuchten.

Schon immer wärmendes Zentrum: das revitalisierte Herdfeuer. Aufwendig geölt und versiegelt, geben die recycelten Ziegelplatten einen zarten Widerschein der Flammen.

Der große Wohnraum liegt in der ehemaligen Tenne, da sich die alten Hölzer hier am besten zur Geltung bringen ließen. Rechts: 300 Jahre alte Bodenplatten auch in der Küche, dezentes Treppenhaus (durch Gauben beleuchtet), und niedere Brüstungen im Dachgeschoss.

Natürlich hätte man mit den über 330 000 Euro Sanierungskosten in dieser Gegend locker ein neues Haus bauen können. Doch, Hand aufs Herz, wo gibt es neue Häuser mit so einer Atmosphäre? Wohnen mit Geschichte, Wohnen auf dem Lande, Wohnen quasi als Dauerurlaub – hier ist es möglich. Schnell vergessen sind da alle Mühen des Modernisierens. Falsch! – Nicht vergessen, sondern verwandelt in ein Gefühl des Stolzes, des Sich-identifizierens mit einem überaus individuellen Domizil.

Wie schön lässt sich die Bauhistorie am prasselnden Kamin reflektieren. Bei einem gemütlichen Gläschen, vielleicht mit interessierten Gästen, die Fragen stellen, ja die vielleicht insgeheim schon gewisse Pläne hegen ... Denn unberührt lässt dieses Ambiente keinen. Und zum Träumen verführt es allemal. Die in diesem Buch vorgestellten Fachwerkreportagen sind durchweg Erfolgsstorys mit ähnlicher Dramaturgie. Ist das passende Objekt gefunden, kommt das eine zum anderen. Im Idealfall ein guter Architekt, liberale Denkmalschützer, fähige Handwerker und hochwertige Materialien. „Als denkbar günstig" stellt Architekt Klemens Köhler die Zusammenarbeit mit dem zuständigen Denkmalamt heraus. Knackpunkt: die relativ problemlos genehmigten fünf Dachgauben. Ohne sie hätten die 80 Quadratmeter Obergeschossfläche nicht optimal genutzt werden können (der Grundriss weist immerhin vier Schlafzimmer und zwei kleine Bäder aus!). Dank niederer Brüstungen ergeben die Gauben im Übrigen ein ganz eigenes Flair. Konzeptionell am wichtigsten war für Architekt Köhler jedoch das harmonische Einfügen des Treppenhauses. Dieses liegt jetzt über dem Wirtschaftsraum, mit dem Podest in zirka 2,20 Meter Höhe (sonstige lichte Höhe: 3,56 Meter). Bewusst ist die Konstruktion schlicht und zurückhaltend. Das sich schlüssig anfügende Raumprogramm teilen sich Jung und Alt nach präzisem Raster: den rechten Trakt bewohnen die Eltern, den linken die Jugend.

Beim Renovieren profitierte man von der guten Bausubstanz. Das Außenfachwerk ließ sich fast gänzlich erhalten. Nur ein paar Pfosten mussten frisch „angeschuht" werden, wie es im Baujargon so plastisch heißt. Hinter dem mit Kalksandsteinen ausgemauerten Fachwerk liegen jetzt Feuchtigkeitssperre und eine 12 Zentimeter dicke Wärmedämmung. Nicht zu retten war die komplette Dachkonstruktion. Die Zimmerer erstellten sie deshalb neu, teilweise mit alten Kehlbalkenlagen. Formschöne Sprossenfenster, einfachzweckmäßiger Innenausbau und Gasheizung runden das Modernisierungspaket ab.

FAKTEN

Baujahr: 1819

Nutzfläche EG: 162 m²

Nutzfläche DG: 80 m²

Baukosten: etwa 330 000 Euro

Architekt:
Klemens Köhler
Klosterstraße 60
48143 Münster
Telefon 02 51 / 54 578

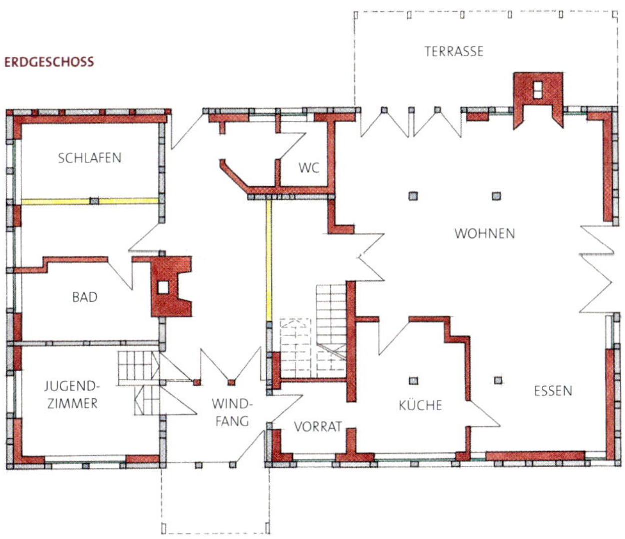

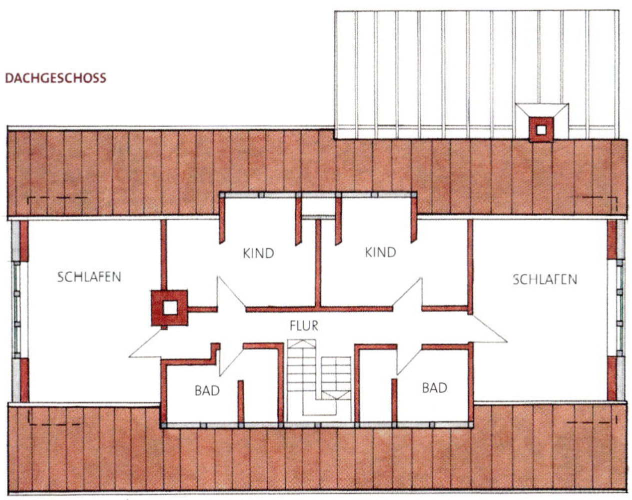

■ Alt ■ Abbruch ■ Neu

Wieder klassisch westfälisch

Am Anfang stand ein Glücksgriff per Zeitungsannonce. Jetzt erstrahlt das schöne Zweiständer-Fachwerkhaus wieder einladend in historisch korrektem Gewand. Dank eines Bauherren, der Detailtreue und Wohnkomfort geschickt auf den größten gemeinsamen Nenner brachte.

Der Charakter des Hauses sollte unter allen Umständen erhalten bleiben. Deshalb auch die zwei Meter nach innen versetzte Glaswandkonstruktion: so bleibt das Scheunentor in seiner vollen Höhe optisch präsent, dennoch ist das Wohnzimmer geschützt.

Das Rezept für das gewünschte Ambiente im Fachwerkgehäuse: alpenländischer Putzkachelofen (Keramik hätten die Bauherren als zu cool empfunden), südfranzösische Naturbrand-Bodenfliesen auf Fußbodenheizung und geschmackvoll abgestimmte Inneneinrichtung. Moderne Zutaten wie die Galerie sorgen für die richtige Balance von Moderne und rustikalem Ambiente.

Der Bauherr nimmt die ganze Schuld auf sich: „Ich bin auf die verrückte Idee gekommen“, sagt er scherzhaft. Idee war schlicht und einfach das konsequente Realisieren eines Traumes, den so viele Städter hegen: auf dem Land leben. In einem authentisch restaurierten Bauernhaus. Nicht als Aussteiger, sondern durchaus mit allem Komfort, den moderne Gebäudetechnik ermöglicht. Es sollte außerdem kein fertig renoviertes Objekt sein, nein, man wollte von A bis Z alles durchleben, was Ruinen zu Wohnperlen macht. Und dabei „den Charakter des Gebäudes unter allen Umständen erhalten, die Grundstrukturen so wenig wie möglich ändern.“ Glückstreffer per Zeitungsannonce. Häuser mit ähnlich markant gestaltetem Scheunentor gibt es in ganz Lippe nur drei Mal. Zudem ist es laut Denkmalschutz eines der ganz wenigen Fachwerkhäuser mit Teilunterkellerung (Keller sind auf sehr sandigem Boden eher unüblich). Riesenvorteil: das Fachwerk bestand aus Eichenholz, in Teilbereichen – schon in früheren Zeiten wurde tüchtig recycelt – mehr als 300 Jahre alt. „Da kriegt man keinen Nagel reingeschlagen“, weiß der Bauherr. Die Grundsubstanz war also gut. Einzig die ehemaligen Stallbereiche wiesen typische Schäden auf: Ammoniaksalze hatten den tragenden Elementen und Auflagern so zugesetzt, dass sie ausgetauscht werden mussten. Hierfür konnten die Zimmerer praktischerweise Hölzer aus dem Dachstuhl einer abgerissenen Stallung verwenden. Ein großes Problem war, die Gebäudetechnik so einzubauen, dass man später keine Wasserrohre, Stromleitungen etc. mehr sieht. Jetzt sitzt alles sauber kaschiert in den neu gemauerten Ausfachungen des zuvor total entkernten Ständerwerks. Notwendige Bohrungen steckte das Eichenholz locker weg.

Ähnliche Akkuratesse verhalf auch zum gelungenen Finish, zur geschmackvollen Wahl von Anstrichfarben und Materialien. Für eine historisch korrekte Farbgebung trugen Maler die in mehreren Schichten aufgebrachten Anstriche ab, untersuchten sie und legten den endgültigen Ton in Abstimmung mit den Denkmalschützern fest. So präsentiert sich das Anwesen jetzt wieder klassisch westfälisch in Schwarzweiß, mit frisch ziegelgedecktem Dach und komplementär pastellgrün gehaltener Giebelverschalung. Fürs Finden der endgültigen Form, und das betrifft auch beispielsweise den Gartenzaun, waren im Übrigen Besuche im Freilichtmuseum Detmold hilfreich, einer beeindruckenden Ansammlung alter, vorbildlich wieder hergestellter Wohnhäuser. Dort schickt der begeisterte Bauherr auch seine Handwerker hin, wenn es um Details ging. Dass sich die Mühe lohnte, hat der Rest der Familie längst eingesehen.

FAKTEN

Baujahr: 1843

Wohnfläche: 380 m²

Nebenhaus: 110 m²

Architekt:
Wolfgang König
Postfach 3408
32078 Salzuflen-Schötmar
Telefon 0 52 22 / 99 78 30

OBERGESCHOSS

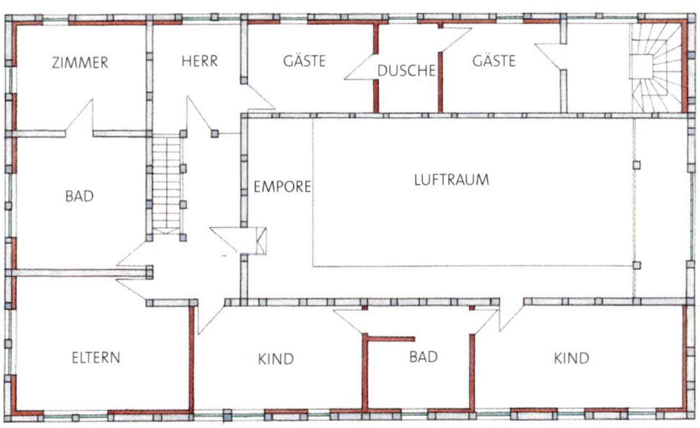

ERDGESCHOSS

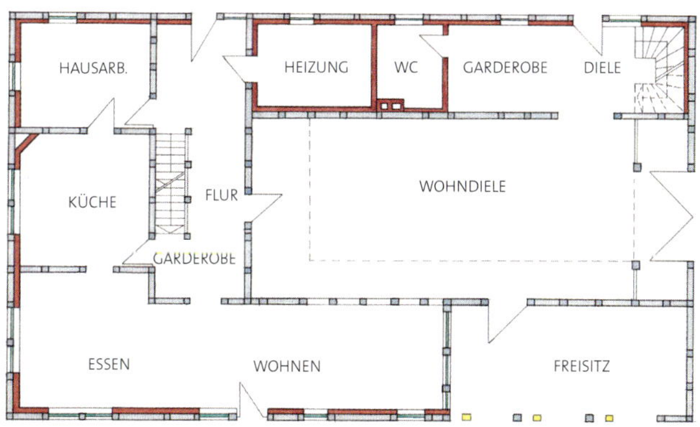

Einfach umgedreht wurden die Funktionen im Erdgeschoss: Wohnen fand früher im Bereich des heutigen Küchen-, Speisen- und Hauswirtschaftstraktes statt. Der Rest waren Stallungen. Ein Geschoss höher befinden sich die Privaträume.

■ Alt ■ Abbruch ■ Neu

Landleben satt

Landauf, landab machen sich Bauherren um das Erhalten von Denkmälern verdient. Sie schaffen nicht nur sich selber ein kultiviertes Umfeld – von ihrem Engagement profitiert auch die Gemeinschaft. So freuen wir uns immer wieder, wenn wir Häuser veröffentlichen können, die eigentlich schon aufgegeben waren, durch glückliche Umstände aber in die richtigen Hände geraten sind. Wie dieser typisch münsterländische Bauernhof.

Sicher, es gibt sie, die ausgesprochenen Stadtmenschen. Die kribbelig werden, wenn sie im Urlaub zu lange die Füße von sich strecken – am Timmendorfer Strand, im Schwarzwaldhotel. Die sich schon am zweiten Urlaubstag per Handy die Hektik holen – „Mensch, was gibt's Neues daheim?". Ganz anders ist da der homo bauernhausiensis gelagert. Des Stadtlebens in der Regel überdrüssig, möchte er entweder ganz oder zumindest zeitweise aufs Land ziehen können, möglichst in ein kultig-gemütliches, rustikales Ambiente. Wenn's sein muss, bringt er dafür vollen Einsatz. So steckte ein Arzt seinen Jahresurlaub und fast drei Jahre lang jede freie Minute in die Sanierung des Münsterländer Bauernhauses. Aus Liebe zu traditioneller Handwerkskunst stöberte er ganze Wochenenden auf Flohmärkten nach alten Fenstern, Türklinken, Griffen und ähnlichen Details. Auch schwere körperliche Arbeit schreckte ihn nicht – er wollte die Materialien spüren, wollte beim Ausschachten, Mauern und Malen leibhaftig erfahren, wie sich das Modernisierungs-Puzzle Stück für Stück zum perfekten Bild fügt. Immer dabei: der Denkmalschutz. Denn die wertvolle Eichenbalken-Konstruktion stammt aus dem Jahre 1736 und war als einziges hervorragend erhalten. Um dieses Gerüst herum sollte ein möglichst authentisches, aber auch technisch zeitgemäßes Haus entstehen. Anfängliche Zweifel der Beamten wichen sehr schnell der Erkenntnis, daß hier ein gewissenhafter Bauherr die Vorgaben seines Architekten ausgezeichnet umsetzte – mehr als das: weit übertraf.

Vom Abbruch über Erdarbeiten (für den Einbau einer Fußbodenheizung wurde der Tennenboden um 40 Zentimeter tiefer gelegt) bis hin zum Ausfachen des Balkenwerks mit zweischaligem Hochlochziegel–Mauerwerk bewies der Mediziner handwerkliches Geschick. Körperlich besonders anstrengend war das Reinigen der sichtbaren Balken mit Drahtbürsten. Ein Leinöl-Anstrich genügte als Konservierung, da altes Eichenholz weitestgehend unempfindlich ist gegen Feuchtigkeit und Schädlingsbefall. Natürlich kamen auch Fachleute zum Zug. Schreinersache waren die neuen Treppen, die sensibel und passend zum Stil gestalteten Türen und doppelverglasten Holz-Sprossenfenster (der Bauherr sieht Kunststofffenster bei alten Häusern als Kunstfehler an). Heizungsanlage, Elektro- und Wasserleitungen sind ebenfalls komplett ausgetauscht. In die Hand von Spezialisten gehört auch das Verlegen von Granitpflastersteinen. Einst für den Straßenbau verwendet, sind sie bei speziellen Sammelstellen als Recyclingprodukte erhältlich. Vorteil ist ihre extreme Resistenz gegen mechanische Einflüsse. Und ihre unübertroffene Optik.

FAKTEN

Baujahr: 1736

Wohnfläche: ca. 200 m²

Grundstück: 3000 m²

Architekt: H. Wiedemann
Beethovenstr. 9
48165 Münster
Telefon 0 25 01 / 33 98

Das zweiflügelige Tennentor ist durch eine verglaste Konstruktion ersetzt. Das bedeutet viel Licht für die Wohnhalle. Besonders gemütliche Ecken ergaben sich am Kamin und unter der so genannten „Upkammer". Behaglich sind auch die Dachzimmer.

ERDGESCHOSS

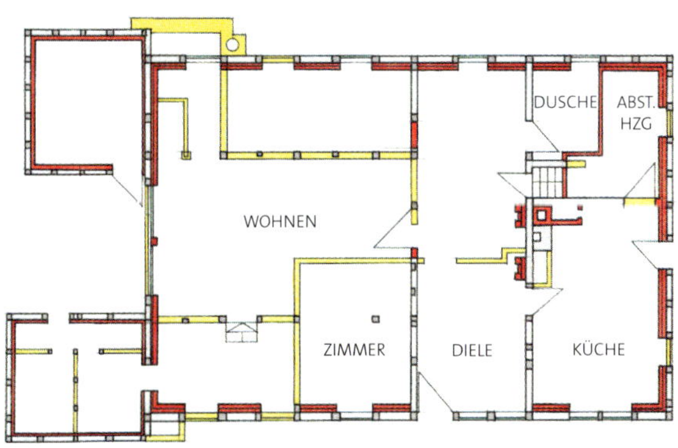

DACHGESCHOSS

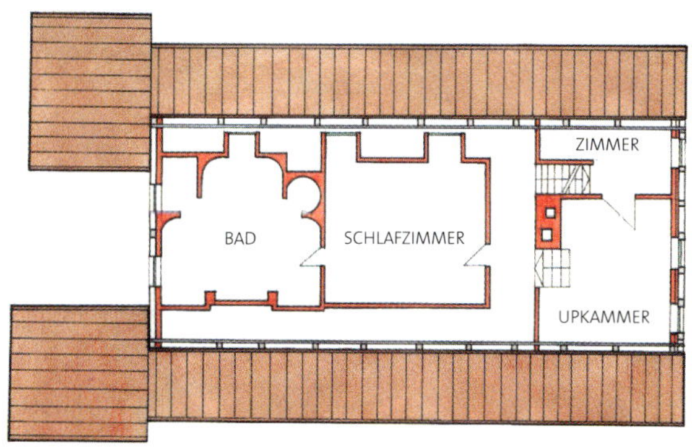

■ Alt ■ Abbruch ■ Neu

300 Jahre alt und so schön

Seit Generationen ist das alte Bauernhaus, das um 1700 gebaut wurde, im Familienbesitz. Einst war es Zollstation und Wirtshaus. Jetzt haben es die Besitzer mit viel Eigenleistung behutsam renoviert.

Die Fenster sind aus österreichischer Fichte – und sie sind alle Sonderanfertigungen, da beinahe jedes Fenster ein anderes Öffnungsmaß hat.

23

Die Massivholzküche wurde von einem Schreiner maßgefertigt.
Die Arbeitsplatten bestehen aus Granit.

Jahrelang sah der alte hessische Bauernhof in Gudensberg bei Kassel ganz unscheinbar aus: mit Putzfassade, mit Scheune und Stallgebäuden. Seit Generationen war das Haus im Besitz der Familie Stiebeling, hatte schon als Zollstation und Wirtshaus gedient. Dann, vor über 30 Jahren, wurde der Außenputz erneuert. Und dabei wurde das darunter liegende Fachwerk entdeckt. Es sollte noch einige Jahrzehnte dauern, bevor diese Schönheit endlich freigelegt werden konnte.

Die Gelegenheit dazu kam, als Karl-Adam Stiebeling, Lehrer und Hobby-Landwirt, zusammen mit seiner Frau Karin das Gebäude übernahm. Seine Eltern waren ausgezogen und er entschloss sich zu einer grundlegenden Renovierung. Denn das Haus entsprach vom Stil und von der Aufteilung her nicht mehr den Anforderungen an zeitgemäßes Wohnen. Da die Denkmalpflege bei der Sanierung ein Wörtchen mitzureden hatte, ging Architekt Karl-Hermann Schwabe sehr behutsam vor. Entscheidend war für ihn die Frage: Wie kann man die neuen, modernen Wohnwünsche verwirklichen, ohne große Substanzveränderungen herbeizuführen? „Bestehende Wände sollten auch bestehen bleiben", erklärt Schwabe. „Man kann sie zwar öffnen, aber man sollte einem solchen Haus seine Strukturen und seinen denkmalpflegerischen Wert immer ablesen können." Der größte Teil des Fachwerks war zum Glück noch in Ordnung, etwa zehn Prozent mussten außen erneuert werden. Fehlende Hölzer wurden aus Abrissobjekten besorgt. Großen Wert legten Bauherren und Architekt auf natürliche Materialien: Holz, Ziegel, Lehm, baubiologisch unbedenkliche Farben. Zudem wurde eine Regenwasser-Sammelanlage eingebaut, an die Toilettenspülung, Waschmaschine und Gartenbewässerung angeschlossen sind. Im ganzen Haus wurde eine Strahlungswandheizung installiert, die zum Teil mit Holz, das aus dem nahen Wald stammt, betrieben wird. Die Vorteile dieser Strahlungswandheizung erklärt der Architekt so: „Weil es ein sehr angenehmes Klima gibt, weil man eine sehr hohe Energieeinsparung hat und weil die Behaglichkeit durch nichts zu überbieten ist."

Zwei Jahre dauerte die Renovierung. Und während der gesamten Zeit wohnten die Stiebelings schon zusammen mit ihrer kleinen Tochter in dem Haus. Die alten Gesindestuben unterm Dach waren als provisorische Unterkunft ausgebaut worden. Der Vorteil: Karl-Adam Stiebeling war gleich vor Ort, wenn es darum ging, einen großen Teil der umfangreichen Arbeiten selbst zu erledigen. Er legte Fußböden, setzte Türen und Fenster ein, bediente den Lehmmischer. Allerdings sagen die Stiebelings heute: „Wir würden nie wieder während der Bauzeit auf der Baustelle wohnen."

Von innen ebenso schön anzuschauen wie von außen: Die jahrhundertealten Eichenbalken des Fachwerks prägen den Charakter des Hauses.

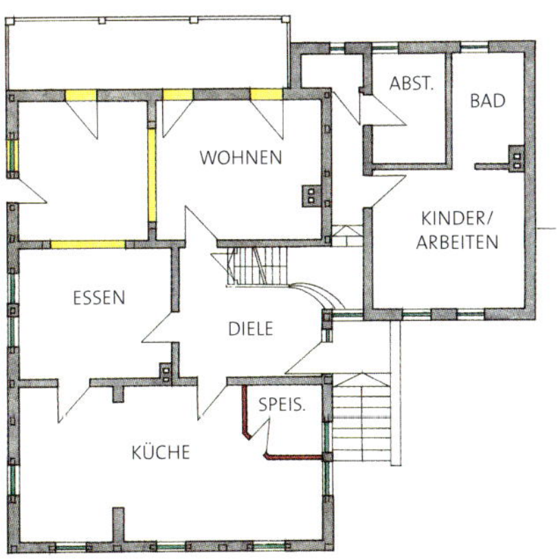

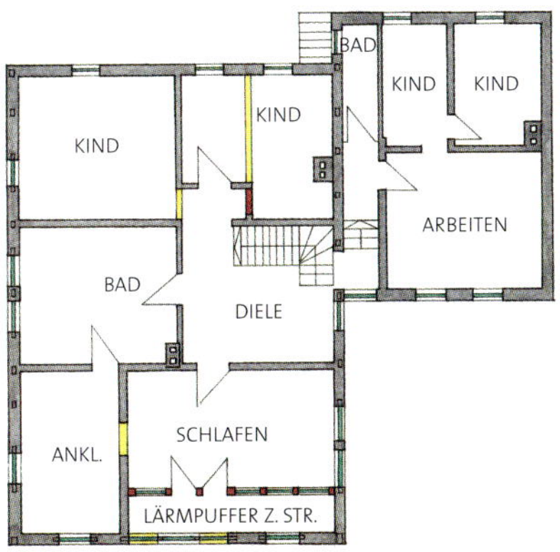

FAKTEN

Baujahr: zirka 1700

Wohnfläche: 260 m²

Kosten des Umbaus: etwa 255 000 Euro

Eigenleistung: etwa 103 000 Euro

Architekt:
Karl-Hermann Schwabe
Holzweg 1
34281 Gudensberg
Telefon 0 56 03 / 30 04
Telefax 0 56 03 / 56 61

Im Urzustand des 300-jährigen Hauses gab es viele kleine Zimmer. Durch das Wegnehmen von Wänden schuf der Architekt mehr Großzügigkeit.

■ **Alt** ■ **Abbruch** ■ **Neu**

Landidyll statt Autobahn

Seit Generationen im Besitz der Familie, war an dem typisch westfälischen Bauernhaus schon lange nichts mehr gemacht worden: direkt daneben sollte eine Schnellstraße als Autobahnzubringer entstehen. Zum Glück kam es anders und das Anwesen konnte sich zur heutigen Pracht entfalten.

Das Bild aus der Vergangenheit zeigt die Vorfahren der Hausbesitzerin, die auf dem Hof aufgewachsen ist. Zum Gebäude gehörten früher nicht nur Wohnräume, sondern auch ein Stall fürs Vieh.

Die sichtbaren Kieferbalken der neu eingezogenen Decke wurden durch graue Lasur dem Eichenboden angepasst.

Als Kötter wurden im Ruhrgebiet Nebenerwerbslandwirte bezeichnet, die hauptberuflich im Bergbau arbeiteten. Mit kleinem Hof, ein Teil des Gebäudes war für Vieh (meist Ziegen und Schafe), der Rest für Wohnraum und Heulager vorgesehen. So ein Haus hatte die fünfköpfige Familie geerbt. Nur vereinzelt gibt es in der Region noch ähnliche Anwesen. So sorgte Architekt Rainer Kemper dafür, dass das Gebäude auf die Denkmalschutzliste kam. Vorteil: staatliche Zuschüsse, Nachteil: strenge Auflagen.

Es galt einen Kompromiss zu finden zwischen dem vom Amt angestrebten, quasi 1:1-Sanieren und den Bedürfnissen der Familie, die beispielsweise den Dachraum für die Kinder ausbauen wollte. Und das bedeutete: Gauben, die es zuvor nicht gab. Um deren endgültige Form wurde gemeinsam gerungen. Wie kleine Häuschen sitzen sie jetzt auf der ziegelgedeckten Fläche, vom Wohnwert her ein klarer Gewinn. An der übrigen Substanz war im Laufe der Zeit doch einiges „verschlimmbessert" worden, wie es unsere Gesprächspartnerin formuliert – „vor allem mit völlig unpassenden Fenstern". Das Haus ist so groß, dass man es unterteilen musste. Ein Drittel ist als eine autonome Wohneinheit abgetrennt, in den übrigen 250 Quadratmetern leben die Eigentümer. Als Herzstück des großen, urgemütlichen Wohnraums werkelt ein prächtiger Kamin. Die neuen Eichendielen des Fußbodens blieben übrigens gänzlich unbehandelt, obwohl es kritische Stimmen von Handwerkern gab. Vom Kaminsetzer stammt der Tipp, die sichtbaren Kieferbalken der neu eingezogenen Decke durch graue Lasur dem Eichenboden anzupassen. Früher verlief hier nur ein einzelner Eisenträger, Relikt eines Umbaus in den 30er Jahren. Ihn ersetzt ein mächtiger Eichenbalken mit eigener Geschichte: der Nachbar sammelt Altes, hatte dieses tonnenschwere, zu jener Zeit noch doppelt so dicke Stück aus einer bayerischen Brauerei gerettet. Zimmerleute mussten nur noch den Kern herausarbeiten, dann konnte der Riegel seine neue Funktion übernehmen. Weitere alte Eichenhölzer lieferte ein Zimmermann aus Hagen. Sie waren für die zweite Wandschale nötig, die in den komplett ausgehöhlten Baukörper (mit einer mehreren Zentimeter breiten Lüftungsschicht Abstand zur Außenwand) gesetzt wurde. Freilich hätte man die Flächen auch massiv mauern, anschließend verputzen können, die Fachwerklösung erschien jedoch stilechter.

Einen Fernseher sucht man im Erdgeschoss vergebens. „Ich brauch' das nicht", sagt die Hausbesitzerin – sie ist übrigens auf dem Hof groß geworden – „dann schon lieber lesen oder Klavier spielen." Am allerliebsten arbeitet sie im Garten.

Im Kamin im Wohnraum wird nur eigenes Holz verbrannt – der alte Baumbestand macht's möglich.

FAKTEN

Baujahr: ca. 1848

Haupthaus: ca. 250 m^2

Nebenhaus: ca. 125 m^2

Kamin:
Lechnerhof
Stoltenbergstraße 15
58456 Witten
Telefon 0 23 02 / 75 022

Architekt:
Kemper + Steiner
Bergstraße 152
44791 Bochum
Telefon 02 34 / 95 99 10

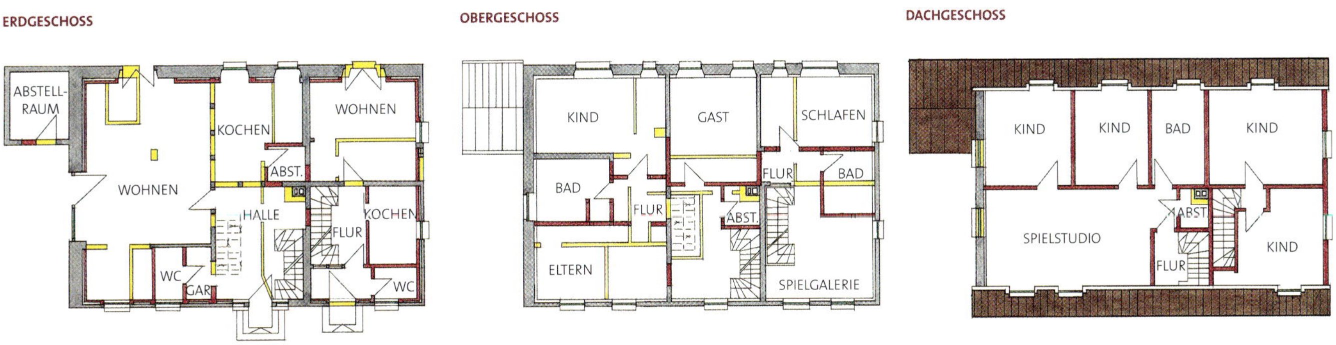

Ein Drittel des Hauses wurde als eigenständige Wohneinheit abgeteilt, auf der restlichen Fläche von 250 Quadratmetern wohnen die Eigentümer.

■ Alt ■ Abbruch ■ Neu

Ein Herz für Pferde

Mit vier Kindern, sieben Pferden und zwei Hunden lebt Familie Meyer in einem alten Bauernhaus in Nordrhein-Westfalen. Die Pferde sind in der ehemaligen Tenne untergebracht, im Rest des Erdgeschosses liegen Wohn-Ess-Bereich, Küche und Büro.

Mit rund 430 Quadratmetern Wohnfläche gibt es hier reichlich Platz für die sechsköpfige Bauherrenfamilie.

Auf dem Dach liegen zum Teil noch die alten Tonziegel, zum Teil wurde es auch mit neuen Ziegeln ausgebessert.

600 Jahre alt, handgeformt, mit Bienenwachs behandelt sind die Terracotta-Fliesen.

Auch in der Küche wurden die exklusiven Fliesen verlegt.

Familie Meyer suchte ein passendes Gebäude. Es sollte in einer ländlichen Umgebung liegen und – vor allem – ausreichend Platz für die Pferde bieten. Denn Anna, Lena und Marie-Louisa, die drei Töchter der Meyers, sind alle drei pferdebegeistert. An Hunderten von Wettbewerben haben sie teilgenommen und immer wieder Auszeichnungen eingeheimst. So wurde Lena Westfalen-Meisterin und Marie-Louisa Deutsche Vize-Meisterin (2002) und Vize-Europameisterin (2001) im Vielseitigkeits-Reiten.

Rund acht Häuser hatten die Meyers besichtigt, nach zwei Jahren fanden sie ein Bauernhaus mit beachtlichen sechs Hektar Grundstück. Wobei der Vorherzustand, zumindest optisch, katastrophal war. „Der Hof sah sehr ruinenhaft aus", erklärt Gisbert Meyer. „Da lebte ein 70-jähriger Bauer. Er hat aber nur etwa 50 Quadratmeter genutzt, in den anderen Räumen hat er seinen Müll verteilt. Das hat viele Interessenten abgeschreckt, weil man da quasi eine Müllhalde vor sich hatte." Von der Substanz her war die jahrhundertealte Hofstelle mit der Sandsteinfassade noch relativ gut erhalten. „Die ganze Innenkonstruktion ist aus Stahlbeton, also sehr massiv und solide", so der Bauherr.

Allein sechs Monate dauerte es, bis der Abfall weggeräumt war und die Planung stand. Die restliche Bauzeit dauerte dann noch einmal zwölf Monate. Den Charakter des Bauernhauses haben die Meyers weitgehend erhalten. Die alten Tondachziegel mit ihrer Patina blieben zum Großteil auf dem Dach. Sie wurden mit einigen neuen Ziegeln ausgebessert. Der Dachstuhl selbst war vom Holzbock befallen, viele Holzteile mussten ausgebessert werden.

In der Fassade wurden zum Teil Fenster versetzt oder vergrößert – wobei sich gerade diese Arbeiten in dem Sandsteingemäuer als relativ aufwendig erwiesen haben. Im Inneren des Hauses sollten unter anderem ein Büro, eine Bibliothek, vier Kinderzimmer untergebracht werden – und natürlich die Pferde. „Wir haben so eine Art Geruchsschleuse zwischen dem Stall und dem Wohnbereich. Aber transparent, mit Glastüren, so dass wir von der Wohnung aus die Pferde sehen können."

Architekt: Hermann J. Farwick, Rheiner Straße 51,
48282 Emsdetten, Telefon 0 25 72 / 60 33

Viel Licht und klare Linien in der Innenarchitektur – das gefällt den Bauherren an ihrem Haus besonders gut.

Spuren alter Tradition

Etliche Spuren jüdischen Brauchtums fand Architekt und Bauherr Peter Eckardt, als er das um 1810 entstandene Haus in der Nähe von Coburg behutsam modernisierte.

In dem kleinen Anbau waren vor der Sanierung Küche und Lagergebäude. Auch nach dem Umbau wurde dort eine Küche eingerichtet, zudem Speisekammer und Heizraum.

Das Treppenhaus ist so eng gebaut, dass es beim Einzug Probleme mit dem Transport der Möbel gab.

Der große Fensterladen rechts neben der Haustür gehört zu einem ehemaligen Verkaufsraum, dem so genannten „Judenladen" – eine Art Tante-Emma-Geschäft.

Etwa ein Jahr lang hatte Peter Eckardt nach einem Haus gesucht. Er wollte ein unverbautes dörfliches Gebäude. Es sollte noch nicht durch frühere Renovierungen verschandelt worden sein, aber trotzdem eine erhaltenswerte Substanz besitzen.

Rund zehn Häuser hatten Eckardt und seine Frau besichtigt, bevor sie auf das Gebäude in Untermerzbach bei Coburg stießen. „Der Makler wollte es uns zuerst gar nicht anbieten, weil es außer einem Plumpsklo keine sanitären Einrichtungen hatte. Aber es kam dann doch meinen Wünschen von der Raumaufteilung und vom Erhaltungszustand her sehr entgegen." Für rund 66 500 Euro kaufte Eckardt das Haus. Dann wurde es in einem Zeitraum von rund anderthalb Jahren komplett saniert – mit neuer Ölzentralheizung, neuen Sanitär- und Elektroanlagen. Die durchfeuchteten Böden im Erdgeschoss wurden ausgebaut, eine nachträglich im Wohnzimmer eingebaute Zwischenwand wieder entfernt.

Da der Bauherr das schöne Sichtfachwerk und die Schieferverkleidung an den Außenwänden behalten wollte, entschied er sich für eine Innendämmung mit Mineralfaserplatten. Die Einfachfenster im Erdgeschoss blieben ebenfalls erhalten, sie wurden mit innen neu aufgesetzten Fenstern zu Kastenfenstern umgebaut.

Eine Besonderheit sind die Überreste jüdischen Brauchtums, die während des Umbaus immer wieder zutage kamen. So befindet sich im tonnengewölbten Kellergeschoss eine so genannte Mikwe, ein Tauchbad zur rituellen Reinigung. Und auf dem Dachboden ließ Eckardt eine Deckenöffnung schließen, durch die einst beim jüdischen Laubhüttenfest der Himmel betrachtet werden konnte.

Ins Wohnzimmer kam ein neuer Parkettboden mit Feuchtigkeits- und Wärmeisolierung.

Die Küche ist mit Terracotta-Fliesen ausgestattet.

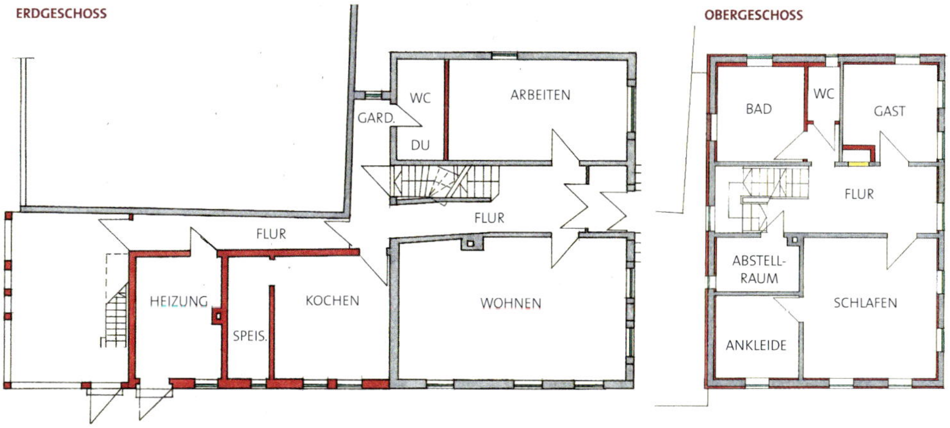

In dem ehemaligen Verkaufsraum im Erdgeschoss hat Peter Eckardt jetzt ein Arbeitszimmer eingerichtet – wobei die Fläche durch den Einbau von WC und Dusche etwas verkleinert wurde.

FAKTEN

Baujahr: 1810

Umbau: 1,5 Jahre

Wohnfläche vorher: 137 m²

Wohnfläche nachher: 145 m²

Kosten: ca. 107 370 Euro

Architekt:
Peter Eckardt
Judengasse 2
96190 Untermerzbach-Memmelsdorf

■ **Alt** ■ **Abbruch** ■ **Neu**

Fachwerk und Natur pur

Gisela und Karlheinz Leissner hatten das Haus noch nicht von innen gesehen. Trotzdem kauften sie es – und haben es nicht bereut. Sie berichten sehr persönlich von der Renovierung.

Dekorativ: Das Fachwerk-Fenster wird von Rosen umrahmt.

HABEN DAS BOWEN LASSEN
DEN 22 IVNIVS
M I W M

Die Kehrseite des Eingangstors: Ein lichtdurchfluteter Blick ins Freie.

Unser Haus wurde 1703 erbaut, laut Balkeninschrift über der Eingangstür. Zirka 20 Jahre stand es leer. Es war unbewohnt und wurde nur als Unterstellschuppen für landwirtschaftliche Geräte benutzt. Im Jahr 1984 war es dann in einem derart schlechten Zustand, dass es abgerissen werden sollte. Der Vorbesitzer des Hauses hat den baufälligen Kotten gekauft und mit der Renovierung begonnen. Im Jahr 1985 wurde das Haus zum Baudenkmal erklärt. Nach dem Kauf haben wir die Renovierung fortgesetzt und im Laufe der Jahre vollendet.

Aber der Reihe nach: Wir haben eigentlich gar nicht lange nach diesem Haus gesucht. Der Bausparvertrag meiner Frau war zuteilungsreif. Einmal haben wir uns ein Gebäude angesehen. Aber das gefiel uns nicht. Dann haben wir in einem Anzeigenblatt die Verkaufsannonce für dieses Haus gefunden. Meine Frau war sofort davon angetan. Allerdings war der Besitzer gerade in Urlaub, nur der Makler war da. Weil es noch mehrere Interessenten gab, bin ich zu einem Architekten gegangen und habe ihn gefragt, ob die untere Balkenlage des Bauwerks in Ordnung ist – damit wir keine Überraschung erleben. Also hat er das Haus zusammen mit uns besichtigt. Er meinte daraufhin, wir könnten es beruhigt kaufen – obwohl wir es von innen noch gar nicht gesehen hatten. Also haben wir den Kauf dingfest gemacht. Und als wir schließlich doch ins Innere kamen, waren wir sehr begeistert. Gekauft haben wir das Gebäude auf Erbpacht, für rund 102 000 Euro. Nochmal die gleiche Summe haben wir an Renovierungskosten hineingesteckt. Das hat sich über mehrere Jahre verteilt, denn man kann nicht alles auf einmal machen.

Wir haben auch einiges an Eigenleistung hineingesteckt, sonst wäre das alles nicht bezahlbar gewesen. Weil die Isolierung, die der Vorbesitzer angebracht hatte, nicht ausreichte, mussten wir nachbessern. Das hat uns nochmal viel Geld gekostet. Die Holzverkleidung oben in meinem Arbeitszimmer mussten wir zum Beispiel komplett abnehmen, weil es dahinter überhaupt keine Isolierung gegeben hatte. Vor dem Haus steht eine 300-jährige Eiche, in die vor vielen Jahren einmal der Blitz eingeschlagen hat. Das Fachwerkhaus selbst ist ein Holzständerbau. Das Ständerwerk wurde mit rotem Ziegel gemauert und das Fachwerk verputzt. Die Außenwände sind etwa 250 bis 270 Millimeter dick. Das Dach ist ein Satteldach, der Neigungswinkel beträgt ungefähr 40 Grad. Es wurde mit Betonziegeln neu gedeckt. Die Holzfenster sind ebenfalls neu, sie haben Wärmeschutzglas und aufgesetzte Sprossen. Geheizt wird mit Flüssiggas. Der Kamin hat einen eingebauten Wärmetauscher. Das Haus ist mit einer Fußbodenheizung versehen, ist aber nicht unter-

„An Gottes Segen ist alles gelegen", so beginnt die alte Inschrift über dem verglasten Tor. Und weiter: „Johan Hommel und Anna Margreta Margenowe haben das bowen lassen. Anno 1703."

Auch in Küche und Essplatz haben die alten Fachwerkbalken eine besondere Ausstrahlung.

Geräumiges Badezimmer: Eine praktische Idee ist der Sims rund um die Badewanne.

kellert. Das Dach wurde mit Folien, Glaswolle und Gipsfaserplatten isoliert. Im vergangenen Jahr haben wir zwei Drittel des Dachbodens nochmals ausgebaut, so hat das Haus insgesamt eine Wohnfläche von 200 Quadratmetern. Allerdings bekamen wir Schwierigkeiten mit der Denkmalschutzbehörde, weil wir zusätzliche Fenster einbauen ließen. Aber man muss einen Raum doch auch richtig lüften können, wenn man ihn benutzen will. Früher konnte man dort nichts hinstellen, weil alles zu feucht war. Und der Wind wehte durch, man konnte das richtig spüren. Wir konnten sogar sagen, ob der Wind aus Westen oder Osten kam, so hat es in dem Haus gezogen. Der Grundwasserstand ist ziemlich hoch. Deshalb haben wir auch keinen Keller. Der kleine, der zuvor vorhanden war, wurde zugeschüttet. Wir würden in einem Wasserloch stecken, sagen die Leute hier. Die umliegenden Äcker leiden ein wenig unter Staunässe.

Tagebuch

Dieses Foto stammt aus dem Jahr 1974. Die heutige Garage war ein Schweinestall.

Ansicht von hinten, aus Westen: Zeichen des Verfalls vor der Renovierung.

Eine Teilmaßnahme der Sanierung: Das Dach musste völlig neu gedeckt werden.

So sah es vor dem Ausbau im Inneren des Hauses aus. Rechts die heutige Küche.

Gemütlichkeit mit Hund Bina vorm Kamin: „Die Atmosphäre in unserem Wohnzimmer ist einfach einmalig.“

Südlich und östlich gelegene Äcker sind Brachland. Sie werden vom Bauern zweimal jährlich gemäht. Eine Wand an der Rückseite des Wohnzimmers zeigte immer Feuchtigkeit. Dann habe ich am Zaun entlang unseres Hauses einen Graben gezogen, damit das Wasser besser ablaufen konnte. Seitdem haben wir keine Feuchtigkeit mehr in dieser Wand. Allerdings zeigte sich noch Feuchtigkeit an der Außenwand, an der das Schlafzimmer ist. Also habe ich nochmals an der Wildblumenwiese einen Graben gezogen, jetzt ist auch diese Wand trocken. Aber dort muss auch früher schon einmal ein Graben gewesen sein – der wurde dann wohl aus Unkenntnis zugepflügt. Nördlich und westlich des Hauses ist Weideland für Rinder. Der gegenüberliegende Bauernhof (nordöstlich) steht leer und soll vermutlich abgerissen werden. Im vergangenen Jahr wurden dort noch Pferde gehalten.

Charakteristisch ist die tief herabgezogene Dachfläche.

Die Teiche sind ein Paradies für Frösche und Molche.

Wir haben eine hauseigene Wasserversorgung. Der alte Brunnen ist ungefähr drei Meter tief und hat einen Durchmesser von 97 Zentimetern. Er fiel trocken, als im Rahmen des Autobahnbaus der A 33 der Grundwasserspiegel vorübergehend gesenkt wurde.

Deshalb haben wir uns entschlossen, einen eigenen Tiefbrunnen (17 Meter) bohren zu lassen. Das Wasser wird mit einem Ultraviolett-Brenner entkeimt und der zu hohe Nitratwert wird mit einer so genannten Umkehrosmose-Anlage entfernt. Im rückwärtigen Bereich des Gartens haben wir zwei Folienteiche angelegt. In ihnen leben Grünfrösche und drei verschiedene Molch-Arten (Fadenmolch, Bergmolch, Teichmolch). Im Staunässebereich befindet sich eine Wildblumenwiese. Die habe ich auch nur deshalb vom Bauern pachten können, weil er darin mit seinen Maschinen regelmäßig versackt ist. Auf dieser Wiese blüht ab Ende Juni vorherrschend bis in den September hinein lilarot der Blutweiderich. Inzwischen haben sich dort auch andere Wildblumen angesiedelt – so zum Beispiel das weiß blühende Mädesüß, blau blühender Storchschnabel, der Gemeine Wasserdost. Diese Wildblumenwiese ist ein wahres Paradies für die Schmetterlinge.

Unser besonderer Stolz gilt den Schleiereulen, denen wir in der vorderen Giebelspitze eine Uhlenflucht eingebaut haben. Es hat sage und schreibe sieben Jahre gedauert, bis sie von den Eulen angenommen wurde. Inzwischen werden dort regelmäßig junge Eulen aufgezogen. Die zischenden und schnarchenden Laute der flügge gewordenen Schleiereulen erschrecken morgens und abends während der Dämmerung immer die Spaziergänger.

Zum Grundstück gehört auch eine Wildblumenwiese.

FAKTEN

Baujahr: ca. 1703

Gesamt-Wohnfläche: rund 200 m^2

Kaufpreis: 102 000 Euro

Ausbaukosten: 102 000 Euro

Konstruktion: Holzständerbau

Dach: Satteldach

Neigungswinkel: 40 Grad

Heizung: Flüssiggas, Fußbodenheizung

Das Luftbild zeigt die traumhafte Lage des alten Fachwerkhauses. Im hinteren Gartenbereich wurden zwei Folienteiche angelegt.

Impressum

Redaktionelle Mitarbeit:
Ruth Mayr, Bernhard Müller, Ute Schwammberger, Ulrike Schuck

Fotos:
Stefan Fister, Günther Franc Kobiela, Bernhard Müller, Friedhelm Thomas

Titelbild:
Friedhelm Thomas

Gestaltung & Satz:
P.S. Petry & Schwamb, Agentur für Marketing und Verlagsdienstleistungen, Freiburg

Bildrechte:
Archiv Fachschriften Verlag GmbH & Co. KG, Fellbach

Inhaltlich und in seiner Gestaltung vollständig neue Fassung eines vergriffenen und im selben Verlag unter gleichem Titel erschienenen Werkes.

Bibliographische Information der Deutschen Bibliothek:
Die Deutsche Bibliothek verzeichnet diese Publikation in der Deutschen Nationalbibliographie; detaillierte bibliographische Daten zu diesem Werk sind im Internet unter http://dnb.ddb.de abrufbar.

Druck:
Druckhaus Beltz GmbH & Co. KG, Hemsbach

D-65232 Taunusstein
E-mail: blottner@blottner.de / URL: www.blottner.de
ISBN 3-89367-635-x / Printed in Germany